公務員試験
過去問攻略Ｖテキスト❼

TAC公務員講座 編

商 法

TAC出版
TAC PUBLISHING Group

●── はしがき

本シリーズのねらい──「過去問」の徹底分析による効率的な学習を可能にする

　<u>合格したければ「過去問」にあたれ。</u>

　あたりまえに思えるこの言葉の，ほんとうの意味を理解している人は，じつは少ないのかもしれません。過去問は，なんとなく目を通して安心してしまうものではなく，徹底的に分析されなくてはならないのです。とにかく数多くの問題にあたり，自力で解答していくうちに，ある分野は繰り返し出題され，ある分野はほとんど出題されないことに気づくはずです。ここまできて初めて，「過去問」にあたれ，という言葉が自分のものにできたといえるのではないでしょうか。

　頻出分野が把握できたなら，もう合格への道筋の半分まで到達したといっても過言ではありません。時間を効率よく使ってどの分野からマスターしていくのか，計画と戦略が立てられるはずです。

　とはいえ，教養試験も含めると20以上の科目を学習する必要がある公務員試験では，過去問にあたれといっても時間が足りない，というのが事実ではないでしょうか。

　そこでTAC公務員講座では，みなさんに代わり全力を挙げて，<u>「過去問」を徹底分析し，この『過去問攻略Vテキスト』シリーズにまとめあげました。</u>

　<u>網羅的で平板な解説を避け，不必要な分野は思いきって削り，重要な論点に絞って厳選収録しています。また，図表を使ってわかりやすく整理されていますので，初学者でも知識のインプット・アウトプットが容易にできます。</u>

　『過去問攻略Vテキスト』の一冊一冊には，"無駄なく勉強してぜったい合格してほしい"という，講師・スタッフの思いが込められています。公務員試験は長く孤独な戦いではありません。本書を通して，みなさんと私たちは合格への道を一緒に歩んでいくことができるのです。そのことを忘れないでください。そして，必ずや合格できることを心から信じています。

2019年11月　TAC公務員講座

※本書は，既刊書『公務員Vテキスト7　商法』の本文レイアウトを刷新し，『公務員試験　過去問攻略Vテキスト7　商法』とタイトルを改めたものです。

●──〈商法〉はしがき

1　新会社法に対応したコンパクトな最新テキスト

　商法はすべての公務員試験で問われるわけではありません。商法は，会社法，手形・小切手法と学習すべき範囲が膨大で，しかもその専門性・技術性ゆえに初学者にとって学習が容易でない科目です。

　しかし，本試験は，基本的知識（重要条文と基本判例）の有無を端的に問う問題がほとんどです。したがって，本テキストの整理に沿って，条文・判例をしっかり押さえておけば対策としては十分です。そこで膨大な商法を 200 ページ程度におさめてあります。

　さらに，会社法に関しては，**平成 17 年 6 月に「会社法」が制定・公布**され，従来の「商法第 2 編　会社」が削除されるとともに，「有限会社法」「商法特例法」などの法律も廃止されています。また，オリンパス事件，大王製紙事件等の会社不祥事を契機にして**平成 26 年 6 月には会社法の大幅な改正**（監査等委員会設置会社の新設等）がありました。

2　効率的学習方法

　商法を学習するに際しては，特に次の点に注意するとよいでしょう。

　第一に，**比較の視点**が大切であるという点です。たとえば，株式会社の設立に関する発起設立と募集設立，株主総会と取締役会，取締役と監査役など，両者の違いを理解しているかを問う問題が本試験でも頻出です。

　第二に，**原則と例外**を意識して学習するという点です。商法では，多くの原則と例外が登場しますので，この点を意識して学習するといいでしょう。

　第三に重要事項からまず押さえるという点です。たとえば，会社法では**機関と株式**（譲渡と議決権行使）をまず重点的に学習したほうがいいでしょう。

3　近時の過去問を補充

　アウトプットも重要ですので，近時の国税専門官，国家総合職大卒程度の過去問を補充しました。

4　重要条文の指摘

　本文に重要条文を補充しました。

　以上の点に留意しつつ，商法を効率よく学習してください。

　本書は，2019 年 11 月 1 日を執筆基準日として加筆・修正を行っています。

ＴＡＣ公務員講座

本 書 の 構 成

◎本文は，ポイントを絞った内容で，わかりやすく解説しています。

（↓図はいずれもサンプル頁です）

- ●頻出度合を，重要度として提示しました。白星の数が多いほど，重要な分野となります。
- ●学習する上での一言アドバイスです。

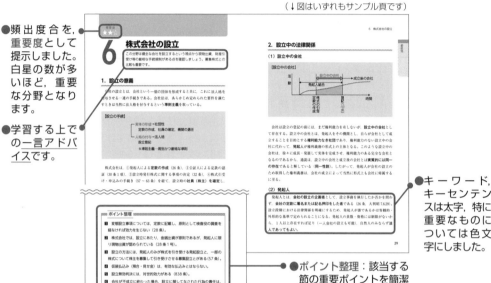

- ●キーワード，キーセンテンスは太字，特に重要なものについては色文字にしました。
- ●ポイント整理：該当する節の重要ポイントを簡潔にまとめました。

◎過去問ベースの Exercise で，学習内容をチェックしましょう。

- ● Exercise は節の終わりに適宜設定しています。
- ●解説は，肢ごとに詳細に解説しています。

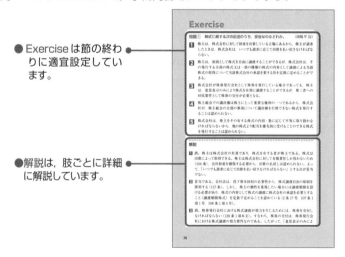

目 次

第**1**章

会社法

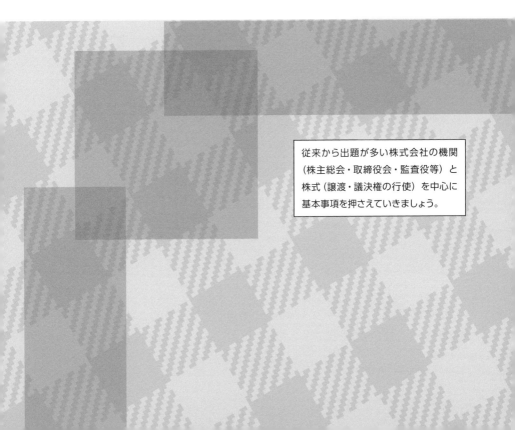

従来から出題が多い株式会社の機関
（株主総会・取締役会・監査役等）と
株式（譲渡・議決権の行使）を中心に
基本事項を押さえていきましょう。

1 会社法の全体像

重要な改正事項を学習の最初の段階で押さえておきましょう。教養
試験でも問われる可能性が高いでしょう。

1. 全体的視点

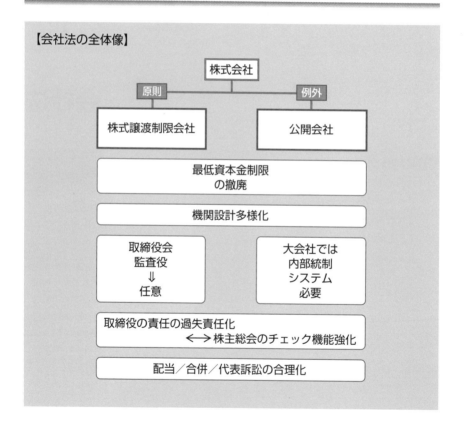

【会社法の全体像】

　　近時のグローバル化，バブル崩壊後の構造改革を踏まえて「株主主権の下，
機動性のある経営実現を図る」ことを趣旨として従来の商法第2編，有限会社

法，商法特例法を統合した「**会社法**」が制定された。アメリカ型の株式会社制度を導入した 1950 年改正以来の抜本的改正となる。

　そして，国民にわかりやすい法律にするために，会社法の現代語化も今回の改正で実現している。

　会社法の全体的構成は全 8 編（条文 979 条）からなり，体系的な法典になっている。同法は，株式会社につき譲渡制限会社と公開会社を区別し，**株式譲渡制限会社の規制**をベースに組み立てられており，**定款自治を徹底**させている。公開会社の規制については経営監視を充実させるものとなっている。以下，重要改正について言及する。

2. 重要改正

　改正前商法では株式会社の設立には 1,000 万円，有限会社においては 300 万円の資本金が必要であったが，この**最低資本金の制限は撤廃**された。この結果，資本金 1 円の株式会社の設立も可能になり株式会社の成立が容易になった。

　会社法では有限会社型の機関設計を新設し，これに伴い改正前商法の**有限会社は廃止**され有限会社の新設はできなくなる。

　さらに，独自の技術を有しながら資金調達が厳しいベンチャー企業のために，有限責任を保ちつつも会社の内部については組合的規律がなされる**合同会社が新設**された。この会社は有限責任を確保しつつ内部的には自由な取りきめが可能となる。この結果，合同会社の出資者は有限責任でありながら経営に関与することができる。

　また，会社経営の機動性を高めるため，**公開会社**[1] **か否か，大会社**[2] **か否かにより機関設計の多様化**を認めている。**すべての株式会社において株主総会と取締役の設置は必要**であるが，一定の場合は取締役会や監査役を設置しないことも可能となった。そこで，譲渡制限会社において取締役は一人でも可能になり，迅速な意思決定も可能となる。ただし，公開会社にあっては取締役会・監査役（大会社では監査役会）は原則として設置する必要がある。

1）**公開会社**とは，発行する全部または一部の株式の内容として譲渡制限の定款の定めがない会社のことをいう（2条5号）。　2）**大会社**とは，最終事業年度にかかる貸借対照表に資本金として計上した額が5億円以上，または負債の部に計上した額の合計額が200億円以上の会社のことをいう（2条6号）。

このほか，中小会社の計算書類の適正担保の点から取締役と共同で計算書類を作成する**会計参与**も新設されている（374条）。

大和銀行巨額損失事件，三菱自動車の事故隠し事件などに見られるように企業コンプライアンスも改めて問題となっており，社会的影響力の大きい**大会社では内部統制システム**を設置する必要がある（362条5項，348条4項）。

また，**取締役の会社に対する責任規定**が従来は無過失責任が多かったため，経済界から重すぎるとの批判をうけて原則として**過失責任化**されている。その代わりに株主総会での取締役チェック機能を高め，**取締役の解任決議を特別決議から普通決議に緩和**している（341条）。

さらに，会社に代わり株主が取締役について責任追及する**株主代表訴訟**の制度の合理化が図られている（847～853条）。代表訴訟の濫訴防止のため裁判所が制度の趣旨に反するような**不正利用目的**ないし**加害目的**があるような代表訴訟が提起された場合は**訴訟そのものが却下**できることが明文化されている。一方で，日本興銀事件を踏まえて株式移転・株式交換により子会社の株主の地位を喪失しても，原告適格（訴える資格）は喪失せず訴訟は継続できるとしている。

会社が株主に配当する剰余金規制手続きも柔軟となったため，自由な配当が可能となり，分配可能額の範囲内であれば剰余金の配当回数には規制がなく，配当について現物配当も可能となっている（454条4項）。

従来は，吸収合併を行うには吸収される側の会社で株主総会を開いて特別決議を経る必要があった。新法は吸収される会社が子会社等の場合は消滅会社を吸収合併する際，一定限度で株主総会の決議が不要となる略式再編が可能となり，組織再編についてもやりやすくなった（784条1項）。

3. 平成26年（2014年）改正

（1）コーポレート・ガバナンス規制の改革

改正案の理由の一つである「社外取締役等による株式会社の経営等に対する監査等の強化」を図るための改正であり，以下の内容が重要である。

①**監査等委員会設置会社**の導入（これに伴い，委員会設置会社の名称が**指名委員会等設置会社**に変更された）

②社外取締役を置いてない場合の理由の開示

③社外取締役・社外監査役の要件の変更

④**多重代表訴訟**の導入

⑤出資の履行を仮装した者（またはこれに関与した者）の責任

（2）企業結合規制の整備

改正案のもう一つの理由である「株式会社及びその属する企業集団の一層の適正化等」を図るための改正であり，以下の内容が重要である。

①詐害事業譲渡に関する規制

②キャッシュ・アウト規制の導入

4．会社法改正動向

2019 年 10 月 1 日現在において以下の改正点が検討されている。

・株主総会参考書類等の電子提供制度を新設する

・株主提案権の見直しによる提案権の濫用的行使を制限する

・取締役の報酬等の方針決定を義務化する

・公開会社であり，かつ，大会社における社外取締役設置を義務化する

1 最低資本金の制限が撤廃され，会社の設立が容易になっている。

2 改正前商法に存在していた有限会社の新設ができなくなっている。

3 有限責任を確保しつつ，組合的規律を認める合同会社が新設されている。

4 会社の機関が多様化し，取締役１人の会社も可能となっている。

5 監査等委員会設置会社が平成26年改正により新設されている。

6 中小会社の計算書類の適正化のため，会計参与が会社の内部機関として新設されている。

7 配当時の剰余金規制手続きが柔軟になり，配当回数規制がなくなり，現物配当も可能となっている。

8 株主代表訴訟の規定が整備され，濫用防止規定が設けられている。

9 略式再編など，組織再編が容易になっている。

2 商 号

商号の意義，商号の規制，名板貸についての意義などを正確に押さえましょう。

1. 会社の商号

　商号に関しては商法総則に規定がおかれているが，会社法総則にも商号に関する規定があり（6～9条），会社の商号については会社法の規定に従うことになる。

　商号とは，商人がその営業上自己を表すために用いる名称をいう。会社においては，**会社の名称が商号**となる（6条）。

　商号は名称であるから，文字で記載することができ，かつ呼称しうるものでなければならない。

2. 商号の規制

① 会社の商号の制限

　会社はその種類に従い，商号中に「株式会社・合名会社・合資会社・合同会社」の文字を用いなければならず，他の種類の会社であると誤認させるおそれのある文字を用いてはならない（6条）。

　他方，会社でない者（個人事業主など）は，その名称またはその商号中に会社と誤認されるような文字を用いてはならない（7条）。

② 他人の営業と誤認される商号の禁止

　何人といえども**不正の目的**をもって他の会社・商人であると誤認される名称・商号を**使用してはならず**（8条1項，商法12条1項），不正使用によって営業上の利益を侵害され，または侵害されるおそれのある会社は，**侵害の停止または予防を請求**することができる（同条2項）。

ここでいう「**不正の目的**」とは，ある名称を自己の商号として使用することにより，**一般人に対して**，自己の営業をその名称によって**表示された会社・商人の営業であるかのごとく誤認させようとする意図**をいう。

3. 名板貸責任

(1) 意 義

　他人に自己の商号を使用して事業または営業を行うことを許諾する行為を**名板貸**という。名板貸をした会社は，その取引によって生じた債務につき，**名板借人と連帯して弁済の責任を負わなければならない**（9条）。

　これは，外観を信頼して取引をした者を保護し，取引の安全を図ろうとする**外観法理に基づく**ものである。

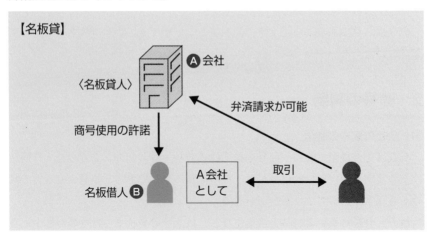

(2) 要 件

1）自己の商号を使用して事業・営業をなすことの許諾

　　必ずしも**明示**の許諾でなくてもよく，**黙示**の許諾でもよい。

2）名板借人を名板貸をした会社と誤認し取引した者の存在

　　ただし，相手方が（悪意と同視される）**重過失**によって誤認した場合には，会社はその責任を免れる（最判昭 41.1.27）。

3）名板借人と名板貸をした会社との事業・営業の同種性

4. 商号の登記

　会社においては，本店所在地に設立の登記をすることが**成立要件**となる（49条，579条）。設立登記には商号を必ず記載しなければならない（27条2号，576条1項2号）。

　また，登記した商号に変更・廃止が生じた場合には，当事者は遅滞なく変更・廃止の登記をしなければならない（909条）。

◇◇◇◇ ポイント整理 ◇◇◇◇◇◇◇◇◇◇◇◇◇◇◇◇◇◇◇◇◇◇◇◇◇◇◇◇◇◇◇◇◇◇◇◇◇◇

1 　商号が不当に使用されるのを防ぐために，一定の法的規制がある（6～8条）。

2 　他人に自己の商号を使用して営業をなすことを許諾（名板貸）した会社は，その取引によって生じた債務につき，名板借人と連帯して責任を負わなければならない（9条）。

3 　不正の目的をもって他人の商号を利用する者がいる場合，営業上の利益を侵害され，または侵害されるおそれのある会社は，侵害の停止または予防を請求することができる（8条2項）。

3 使用人等

出題頻度は高くないですが，支配人の代理権，表見支配人を中心に押さえておきましょう。

1. 使用人の意義

　使用人とは，**特定の会社に従属し，その事業組織の内部者としてこれを補助する者**をいう。会社法では，**支配人**（10～13条），ある種類または特定の事項の委任を受けた使用人（14条），物品販売店舗の使用人（15条）を規定している。

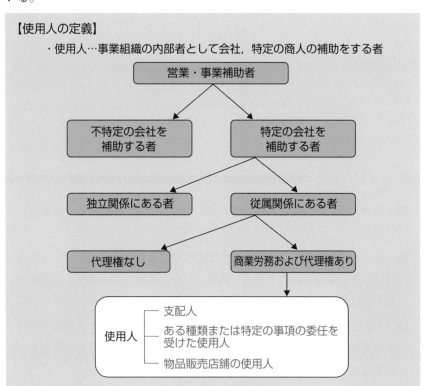

【使用人の定義】
　・使用人…事業組織の内部者として会社，特定の商人の補助をする者

営業・事業補助者

不特定の会社を補助する者 ／ 特定の会社を補助する者

独立関係にある者 ／ 従属関係にある者

代理権なし ／ 商業労務および代理権あり

使用人 — 支配人
— ある種類または特定の事項の委任を受けた使用人
— 物品販売店舗の使用人

2. 支配人

（1）意　義

　支配人とは，会社の使用人のうちで会社に代わってその営業に関する**一切の裁判上**（訴訟行為）または**裁判外の行為**をなす**包括的権限**を与えられた使用人をいう（11 条）。支配人の選任は登記事項である（918 条）。

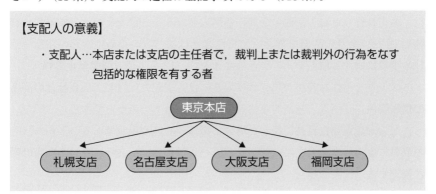

【支配人の意義】

・支配人…本店または支店の主任者で，裁判上または裁判外の行為をなす包括的な権限を有する者

東京本店

札幌支店　名古屋支店　大阪支店　福岡支店

（2）代理権（支配権）

①　範　囲

　支配人は，会社に代わってその事業・営業に関する一切の裁判上または裁判外の行為をなす権限（代理権）を有する（11 条 1 項）。また，支配人よりも代理権の範囲の狭い他の使用人を選任・解任することができる（11 条 2 項）。

　ただし支配人の代理権は，会社の営む全ての営業に及ぶわけではなく，**その支配人の置かれた本店・支店の営業に限定**される点で，代表取締役の代表権とは異なる。

②　制　限

　支配人の代理権に加えた制限は，**善意の第三者**に対抗することができない（11 条 3 項）。その意味で，支配人の代理権は**制限することができないもの（不可制限的）**だとされている。

③ 消　滅

　支配人の代理権は，支配人の解任，辞任（民法111条2項，651条），会社破産（民法111条2項，653条），支配人の死亡・後見開始の審判または破産手続開始の決定（民法111条1項2号）によって消滅する。

(3) 営業・競業禁止義務

　支配人は，会社の許可がなければ自ら営業をし，他の会社の取締役，執行役，業務執行社員および他の会社の使用人となることはできない（営業禁止義務）。また，会社の許諾を得ないで自己または第三者のために営業の部類・会社の事業に属する取引をすることはできない（12条1項，競業禁止義務）。

　このような不作為義務が課されているのは，支配人に対しては**会社との高度の信頼関係**に基づき，包括的な代理権が与えられているからである。

　支配人が競業禁止義務に反した場合，損害の立証が困難であることから，その取引によって支配人または第三者が得た利益の額は，**会社に生じた損害の額と推定**する（同条2項）。

3.　表見支配人

　会社においては，本店または支店の事業の主任者であることを示す名称を与えた場合（支店長等），当該事業に関し**裁判上の行為を除いて支配人と同一の権限を有する**ものとみなされる（13条）。

　表見支配人は**取引安全**のための制度であるから，支配人でないことを知っている**悪意の相手方**は保護されない（同条但書）。

【表見支配人の成立要件】

① 本店または支店の営業の主任者らしき名称の付与
② 裁判上の行為以外の一切の行為
③ （取引の）相手方が善意

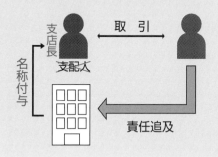

[判例]　　　　　　　　　　　　　　　　　　　　　　　　　　（最判昭 37.5.1）
　本条にいう本店または支店は，商法上の営業所としての実質を備えているもののみを指称するから，右のような実質を欠き，ただ単に名称・設備などの点から営業所らしい外観を呈するに過ぎない場合，その使用人に対し支配人類似の名称を付しても，表見支配人とはならない。

4. その他の使用人

① ある種類または特定の事項の委任を受けた使用人

　販売，仕入れ，貸付等の限られた事項についてのみ代理権を有する使用人であり，企業における部長，課長，係長等がこれに該当する。

② 物品販売店舗の使用人

　店舗における物品の販売についてのみ代理権を有する。したがって，物品の買入れの権限までは有しない。

5. 会社の代理商

　会社の代理商とは，会社のためにその平常の事業の部類に属する取引の代理または媒介をする者で，その会社の使用人でない者をいう（16条）。損害保険代理店がその例である。代理商についても競業禁止義務がある（17条）。

✂ ポイント整理 ✂

1. 支配人は包括的かつ不可制限的な代理権を有する（11条3項）。

2. 支配人の代理権は，会社の営む全ての事業・営業に及ぶわけではなく，その支配人の置かれた本店・支店の事業・営業に限定される。

3. 支配人は競業避止義務に違反して自己・第三者のために取引をして得た利益は，会社に生じた損害額と推定する。

4. 表見支配人は悪意の相手方に対する場合を除き，裁判上の行為以外は支配人と同一の権限を有するものとみなされる（13条）。

Exercise

問題 会社の支配人に関するア～オの記述のうち，妥当なもののみをすべて挙げているのはどれか。 (国税平23)

ア 会社は，支配人を選任し，その本店又は支店において，その事業を行わせることができる。

イ 支配人は，会社に代わってその事業に関する裁判外の行為をする権限を有するが，裁判上の行為をする権限は有しない。

ウ 支配人は，他の使用人を選任し，また，他の使用人を解任することができる。

エ 支配人は，会社の許可を受けなければ，他の会社の使用人となることができない。

オ 支配人は，会社の許可を受けても，自ら営業を行うことはできない。

1 ア，イ，ウ

2 ア，イ，オ

3 ア，ウ，エ

4 イ，エ，オ

5 ウ，エ，オ

....

解説

ア 妥当である。会社法10条は，「会社は，支配人を選任し，その本店又は支店においてその事業を行わせることができる。」と規定している。

イ 誤。会社法11条1項は，「支配人は，会社に代わってその事業に関する一切の裁判上又は裁判外の行為をする権限を有する。」と規定しており，「裁判上の行為をする権限は有しない」とする本肢は妥当でない。

ウ 妥当である。会社法11条2項は，「支配人は，他の使用人を選任し，又は解任することができる。」と規定している。

エ 妥当である。会社法は，支配人につき，会社の許可を受けなければ，他の会社又は商人の使用人となることはできないとしている（競業避止義務，12条1項3号）。

オ 誤。会社法は，支配人につき，会社の許可を受けなければ，自ら営業を行うことができないとしている（精力分散防止義務，12条1項1号）。よって，許

可を受ければ自ら営業できるので,「会社の許可を受けても,自ら営業を行うことはできない」とする本肢は妥当でない。

以上より,妥当なものはア・ウ・エなので,正解は**3**となる。

解答　**3**

4 商業登記

出題頻度は高くはないですが，商業登記の効力を中心に学習しましょう。取締役の第三者責任と関係する個所もあり，要注意です。

1. 意義

(1) 意　義

　商業登記とは，商業登記法の規定に基づき商業登記簿になされる登記のみをいう（907条参照）。

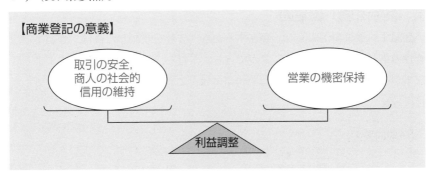

【商業登記の意義】

(2) 公示的機能

　商業登記は，会社の取扱上の重要な事項を，公簿上に登記させ，かつその事項を公告するという**公示制度**であり，その目的は，会社と取引する第三者の利益を保護し，**取引の安全**を守るとともに，**会社の社会的信用を維持**することにある。しかし，反面，営業の機密保持の利益も考慮されなければならない。

2. 登記事項

　会社が登記すべき事項は，原則として**本店の所在地で登記**する（911条）。
　支店の所在地でも，商号，本店所在地，支店の所在場所を登記する必要があ

る（930条2項）。

3. 効力

（1）一般的効力

① 消極的公示力（登記前）

　登記すべき事項は，登記がなければ，実体法上成立し存在していたとしても，善意の第三者に対抗できない（908条1項前段）。もっとも，これは，当事者から第三者に対してその事項を主張することが制限されているだけで，第三者から当事者に対してこれを主張することは差し支えない（大判明41.10.12）。

② 積極的公示力（登記後）

　登記すべき事項が成立し，存在するとき，これを登記した後は，登記事項を善意の第三者にも対抗することができる。ただし，第三者が正当事由により登記事項を知らなかった場合には，当事者は，これを対抗できない（908条1項後段）。

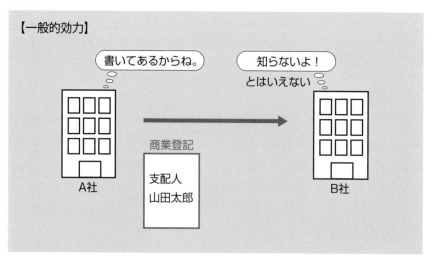

　なお，ここでの**正当事由**とは，登記を知ろうとしても知ることのできない**客観的障害**がある場合（たとえば災害による交通途絶など）に限られる（通説）。

18

（2）創設的効力

会社の設立（49 条）などは，その登記によってはじめて効力を生じる。また，商号の譲渡の登記は登記によって対抗力を生ずる。

（3）不実登記の効力

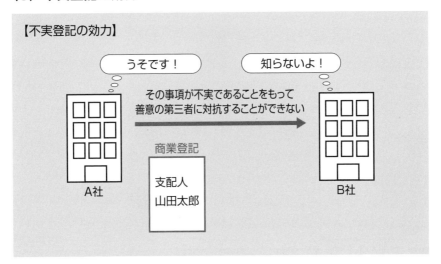

【不実登記の効力】

うそです！　　　知らないよ！

その事項が不実であることをもって
善意の第三者に対抗することができない

商業登記

支配人
山田太郎

A社　　　　　　　　　　B社

　故意または過失によって不実の事項を登記した者は，その事項が不実であることをもって**善意の第三者に対抗することができない**（908 条 2 項）。同条項の直接の主体は登記申請者（たとえば会社）であるが，故意または過失によって不実の登記の出現に加功した者にも同条項の類推適用がある。

　判例には，取締役でないのに取締役として就任の登記をされた者が，故意または過失により，この登記につき承認を与えていた場合に，同条項（改正前商法 14 条参照）の類推適用を認めたものがある（最判昭 47.6.15）。また，登記事項に変更を生じたにもかかわらず，不注意でこれを放置した場合にも，同条項の類推適用がある（多数説）。

1 商業登記の登記事項は，それが登記される以前は，善意の第三者には対抗できない（908条1項前段）。

2 登記以前は登記事項を善意の第三者に対抗できないが，第三者から営業主にこれを主張することは妨げないとするのが判例である。

3 登記すべき事項が成立し，存在するとき，それが登記されると原則として善意の第三者にも対抗できる。

4 登記後は善意の第三者にも対抗できるが，表見支配人（13条），表見代表取締役（354条）の規定との関係では，これらの規定を908条1項より優先的に適用して，善意の第三者の保護を図るのが判例である。

5 故意または過失によって，不実の事項を登記した者は，その事項が不実であることをもって，善意の第三者に対抗できない（908条2項）。

重要度
★★☆

5 会社の意義・種類

会社の種類は社員の責任，社員の地位の移転を中心に押さえましょう。新設された合同会社の特色も正確に理解しましょう。

1. 会社の意義

会社とは，**営利を目的とする社団法人**である（3条参照）。

改正前商法では，会社とは「営利を目的とする社団」（52条2項）であるとの規定があったが，会社法ではこのような規定がない。会社法上，会社の株主に剰余金や残余財産の分配請求権が認められていることは明らかであり（105条1号・2号），「営利を目的とする」との用語を用いる必要はないとの理由から規定されなかったのである。

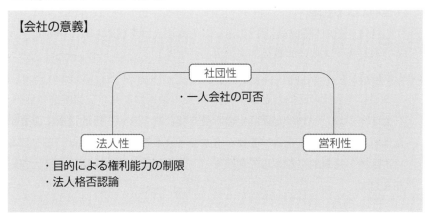

【会社の意義】

社団性

・一人会社の可否

法人性　　　営利性

・目的による権利能力の制限
・法人格否認論

（1）社団性

会社はすべて**社団**であり，社団とは共同の目的を有する複数人の結合体をいう。

ただし，株式会社・合名会社・合同会社では，社員が1人だけの**一人会社**が認められる（576条2項，同条4項参照）。一方で，合資会社では，最低でも有限責任社員と無限責任社員が1人ずつ，つまり2人以上の社員が必要なので

21

（576条3項），一人会社が認められていない。

（2）法人性

① 意　義

　会社はすべて**法人**であり，会社自体がその構成員とは別個独立に権利義務の帰属主体となる。会社法は，会社法人格取得の要件を定め，この要件が充たされたとき当然に法人格を認める方式（**準則主義**）を採用している。

② 会社の権利能力

　会社の権利能力は，自然人と比較した場合に一定の制限がある。

　1）性質・法令による制限

　　性質上，自然人を前提とする権利義務を会社は享有し得ない（身体・生命に関する権利，身分法上の権利義務等）。また，法令による特別の制限があれば，それに服する（民法34条参照）。

　2）**目的による制限**

　　会社は，その目的の範囲内においてのみ法人格を認められているにすぎず，会社の代表機関が目的の範囲外の行為をしても会社の行為とは認められない。

　　ここに「会社の目的」とは，民法34条の類推により「定款所定の目的」を意味するが，それは定款所定の目的自体に限られず，**目的達成に必要または有益な行為**をも含み，必要・有益な行為か否かについては，当該行為を**客観的・抽象的に観察して判断**する（八幡製鉄政治献金事件，最大判昭45.6.24）。

③ 法人格否認論

　会社の法人格を否定し，構成員への責任追及を可能にする理論として，法人格否認の理論がある。

　この理論は，会社の存在を全面的に否定するのではなく，**当該事実に限って**会社の法人としての独立性を否定することによって，その背後にある実体に即した法律上の取扱いを目指すものである。

　他に株式会社の有限責任原則を修正するものとして，**取締役の第三者に対す**

る**責任**に関する規定がある（429条）。

> ［判例］　　　　　　　　　　　　　　　　　　　　　　（最判昭44.2.27）
>
> 　社団法人において，法人格が全くの**形骸**にすぎない場合，またはそれが法律の適用を回避するために**濫用**される場合には，法人格を否認すべきことが要請される。

（3）営利性

　会社は営利事業を行い，それによって得た**利益を構成員に分配**することを目的とする団体である。

　会社がその事業としてする行為およびその事業のためにする行為は，営利行為か非営利行為かを問わず商行為とされる（5条）。これは，会社が営利を目的とすることを当然の前提にしていることを意味する。

2. 会社の種類

　会社法は，社員の責任の態様に基づいて会社を**株式会社**，**合名会社**，**合資会社**，さらに**合同会社**の4種に会社形態を分け，これ以外の会社を認めない（2条1項）。

〈社員の責任の態様〉

	無限責任	直接責任	連帯責任
株式会社	×	×	×
合名会社	○	○	○
合資会社	○	○	○
	×	○	○
合同会社	×	×	×

会社法制定前は，別に有限会社法により有限会社が認められていたが，今回の法整備で有限会社は制度上廃止され，**株式の譲渡制限をしている中小の株式会社として取り込まれる**ことになった。ただし，会社法の施行時にすでに設立されている有限会社については，会社法の施行に伴う関係法律の整備等に関する法律（以後「整備法」と略す）によって経過措置がとられており，**特例有限会社**として何らの手続を必要とせずに従前の有限会社と同じままでいることができるようになっている（整備法3条）。

（1）株式会社

株式会社とは，その有する**株式の引受価額を限度**とする間接有限責任を負うにすぎない社員（株主）のみで構成される会社である（104条）。有限責任とは**出資額の範囲内**で責任を負うことであり（580条2項参照），間接責任とは会社債権者に対して**直接弁済をする責任を負わない**（会社を媒介して責任を負うに過ぎない）ことである。

株式会社の社員は，責任が有限であることに対応して，基本的事項の決定には参加するが，業務執行には参加しない。また，社員の地位は細分化された株式によって表され，かつ原則として**株式の譲渡は自由**とされているので（127条），だれでも容易に社員になることができる。

したがって，社員の個性が問題とならない株式会社では，**多数の社員の結集**が可能であり，大衆遊休資本を集めて大企業を起こすのに適している。

（2）合名会社

合名会社とは，**無限責任社員**，すなわち会社債権者に対し連帯して無制限の（債務全額の）直接弁済責任を負担する社員のみで構成される会社である（576条2項，580条1項）。

合名会社の各社員は原則として**会社の業務を執行する権利義務**を有するが（590条），業務を執行する社員を定款で定めて，その者に業務執行を行わせることも可能である（591条）。また，法人が業務を執行する社員である場合には，自然人である職務執行者を選任しなければならない（598条）。業務執行に関しては，他の持分会社である合資会社・合同会社も同様の規定の適用を受ける。

（3）合資会社

　合資会社とは，**無限責任社員**と**直接有限責任社員**とから構成される二元的組織の会社である（576 条 3 項）。

　直接有限責任社員は，会社債権者に対して直接弁済責任を負う点で無限責任社員と共通するが，**未履行の出資額の範囲内**でのみ弁済責任を負うに過ぎない点が異なる（580 条 2 項）。そして，改正前商法では，合資会社の業務執行は無限責任社員のみが行うとされていたが（改正前商法 151 条），会社法にはそのような規定がないので，**直接有限責任社員も原則的に業務執行を行う権利義務を有する**ことになる（この点に関しては，585 条 2 項，597 条が直接有限責任社員の業務執行権限を前提とした規定を定めている）。

（4）合同会社

　合同会社とは，出資者の全員が**間接有限責任社員**であり，内部関係については**組合的規律が適用**される会社である（576 条 4 項，578 条）。

　新たな社員の加入や社員の持分譲渡，定款変更などの会社のあり方については社員全員の一致によって決定し，各社員（出資者）が自ら会社の業務執行にあたるが（会社の内部関係には民法の組合的規律が適用される），社員は出資を限度とする有限責任を負うにすぎない。社員になろうとする者は，会社成立前に出資を全額履行しなければならないので（578 条），株式会社と同様に間接責任ということになる。

　社員の出資については，合資会社の直接有限社員と同じく**金銭その他の財産のみ**に限るとされており（576 条 1 項 6 号，578 条），労務や信用の出資が認められている合名会社・合資会社の無限責任社員とは異なる。合同会社の社員の全員が間接有限責任社員であるところ，**会社債権者保護**の観点から，一定程度の財産が会社に留保されている必要があるからである。

（5）有限会社（特例有限会社）

　有限会社とは，株式会社の株主同様の責任，すなわち出資の金額を限度とする**間接有限責任**を負う社員のみで構成される会社である。

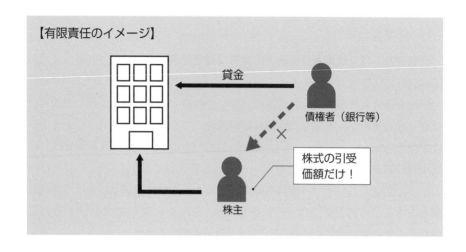

【有限責任のイメージ】

貸金
債権者（銀行等）
株式の引受
価額だけ！
株主

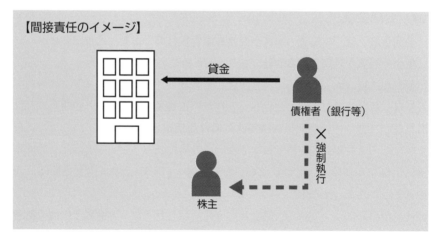

【間接責任のイメージ】

貸金
債権者（銀行等）
強制執行
株主

　社員の人数が原則的に50人を超えてはいけないと限定され，その個性を無視することはできず，また会社の設立手続や組織などが簡易化されているため，中小規模の企業に適していた。

　しかし，平成17年の法整備によって有限会社法は廃止されることになり，会社法施行後は有限会社を作ることはできなくなる。そして，会社法の施行時すでに設立されている有限会社（旧有限会社）は，会社法施行後は，**会社法上の株式会社**として存続することになる（整備法2条1項）。しかし，有限会社

の規律と株式会社の規律が異なることから，旧有限会社の社員，経営者，債権者らに混乱が起きるおそれがある。そこで，会社法施行後も有限会社法とほぼ同様の規律を受けることができるとする（整備法2～44条）とともに，「有限会社」の商号を用いることができることとした（整備法3条1項）。このような会社を「**特例有限会社**」と呼ぶことにしている（同条2項）。

　特例有限会社が通常の株式会社に移行するには，定款を変更して商号を「株式会社」に変更し，特例有限会社の解散の登記，商号変更後の株式会社の設立の登記といった手続（整備法45条，46条）が必要となる。

ポイント整理

1　株式会社の社員（株主）は，その有する株式の引受価額を限度とする間接有限責任を負う（104条）。

2　合名会社の社員は，会社債務について直接の連帯無限責任を負う（576条2項，580条1項）。

3　合資会社の社員は，合名会社同様の無限責任を負う社員と，出資額を限度とする直接有限責任を負う社員から構成される（576条3項）。

4　合同会社の社員は，株式会社の株主と同様の責任，すなわち出資の金額を限度とする間接有限責任を負う（576条4項，578条）。しかし，社員は業務執行権限を有しており，株式会社と異なり所有と経営が分離していない。

5　平成17年の法整備によって有限会社法は廃止されたが，経過措置として特例有限会社の制度を設け，法律的には株式会社となるものの，実質的には会社法施行前の有限会社と同様の規律を受ける会社として存続することが認められた。

6 株式会社の設立

この分野は健全な会社を設立するという視点から現物出資，財産引受け等の厳格な手続規制がある点を確認しましょう。募集株式との比較も重要です。

1. 設立の意義

会社の設立とは，会社という**一個の団体を形成**すると共に，これに**法人格を付与**させる一連の手続きである。会社法は，あらかじめ定められた要件を満たすときは当然に法人格を付与するという**準則主義**を取っている。

【設立の手続】

```
┌─ 実体の形成→社団性
│    定款の作成，社員の確定，機関の選任
└─ 人格の付与→法人格
     設立登記
     ※準則主義…周到かつ厳格な準則
```

株式会社は，①発起人による**定款の作成**（26条），②公証人による定款の認証（30条1項），③設立時発行株式に関する事項の決定（32条），④株式引受け・申込みの手続き（57～63条）を経て，設立時の**社員（株主）を確定**し，さらに，取締役・監査役等会社の活動の基礎となる機関を選任することで，**実体を完成**させる。そして，最後に⑤**設立の登記**（911条）をすることで，はじめて法人格が認められるのである。

2.　設立中の法律関係

(1) 設立中の会社

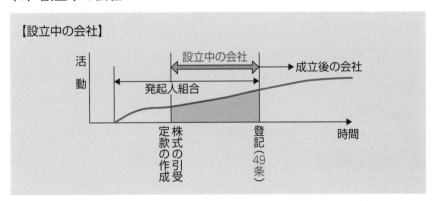

【設立中の会社】

会社は設立の登記の前には，まだ権利能力を有しないが，**設立中の会社**として存在する。設立中の会社とは，発起人をその機関とし，自らが会社として成立することを目的とする**権利能力なき社団**であり，権利能力のない設立中の会社に代わって，**発起人**が権利義務の形式上の主体となる。このような設立中の会社は，徐々に成長・発展して実体を完成させ，権利能力のある完全な会社となるのであるから，通説は，設立中の会社と成立後の会社とは**実質的には同一の存在**であると解している（**同一性説**）。したがって，発起人が会社の設立のため取得した権利義務は，会社の成立によって当然に形式上も会社に帰属するに至る。

(2) 発起人

発起人とは，**会社の設立の企画者**として，設立事務を執行したか否かを問わず，**会社の定款に署名または記名押印をした者**である（26 条，大判昭 7.6.29）。設立段階における法律関係を明確にするため，発起人が誰であるかは客観的・外形的な基準で定められることになる。発起人の員数・資格には制限がないから，1 人以上存在すれば足り（**一人会社**の設立も可能），自然人のみならず**法人であってもよい**。

発起人は必ず**1株以上を引き受け**なければならないので（25条2項），株式会社が成立すると当然に**株主**となる。

また，**発起人の権限**については，開業準備行為を発起人の権限外の行為であるとして，発起人の権限を**会社の設立に関する行為に限定**し，開業準備行為のうち法定の要件を満たした**財産引受**だけが例外的に発起人の権限に含まれるとするのが判例である（最判昭33.10.24）。

これに対し，成立後の会社という法形態を利用して営利を追求するために会社を設立するので，発起人の権限には開業準備行為も含まれるとする見解も有力である。

3. 定款の作成

（1）定款の作成方法

定款とは，実質的には**会社の組織・活動に関する基本的な自治規則**を意味し，形式的にはこの規則を記載した書面のことをいう。定款が書面で作成されたときは，発起人全員の**署名または記名捺印**を必要とする（電磁的記録による作成も可能である。26条）。書面で作成されたときは，**公証人の認証**を受けなければ定款としての効力を生じない（30条1項）。

（2）定款の記載事項

① 絶対的記載事項

定款に**必ず記載しなければならない事項**であり，その**記載を欠く**ときには**定款全体が無効**となる。

1) **会社の目的**
2) **商号**
3) 本店の所在地
4) 設立に際して出資される財産の価額またはその最低額
5) **発起人の氏名**または名称および住所
6) **会社が発行する株式の総数（発行可能株式総数）**

公証人による定款認証時には定めていなくてもよいが，**会社の成立時まで**

に，発起人全員の同意で定款を変更して定めなければならない（37条1項）。

② 相対的記載事項

定款に定めがなくても**定款自体の効力には影響しない**が，**定款に記載しなければその効力が認められない事項**である。

たとえば，譲渡制限株式・議決権制限株式等の種類株式の発行（108条），単元株制度（188条），取締役会・監査役・会計参与等の設置（326条2項），会社が公告をなす方法（939条4項）など，会社法は相対的記載事項を数多く定めている。

このうち，28条で定められている設立時の相対的記載事項のことを**変態設立事項**と呼んでいる。変態設立事項は，**危険な約束**ともいわれるように，発起人の自由な裁量に任せておくと濫用のおそれが非常に大きく，**会社の財産的基礎を危うくする**ことから，これらの事項の効力が発生する要件として**定款への記載が強制**されている（28条）。

それゆえ，裁判所選任の**検査役**による調査が原則として必要となり，その結果不当と認められると**定款の変更が強制**される（33条7項）。

1）**現物出資（28条1号）**

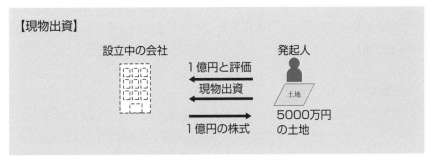

【現物出資】

設立中の会社　　　　　　　　発起人

1億円と評価
現物出資

1億円の株式　　　　5000万円の土地

現物出資とは，土地，機械等の**金銭以外**の物をもってする**出資**である。株式会社は**金銭出資**が原則であるが，会社が特定の財産を必要とする場合を考慮して，**発起人に限って**現物出資を認めている。なお，会社設立後の募集株式の発行（新株発行）の場合には現物出資者の制限はない。

現物出資は，出資した発起人が**目的物を過大に評価しがち**であり，これに

より**会社の財産的基礎を危うくする**ことから，変態設立事項とされている。

2）財産引受（28条2号）

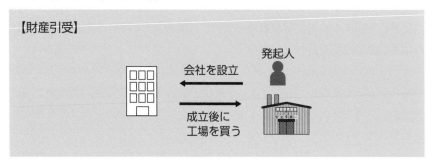

【財産引受】

　財産引受とは，発起人が会社のため，会社の**設立を条件**として設立後に**特定の財産を譲り渡すことを約する契約**をいう。

　財産引受は設立後の取引であり，本来は取締役に委ねられるべき事項であるが，時期を遅らせた「事実上の現物出資（**現物出資の潜脱手段**）」として濫用され，譲渡目的物の過大評価により会社の財産的基礎を害することから，これも変態設立事項とされている。

　そして，定款に記載されていない財産引受は**無効**となり，成立後の会社もこれを無権代理行為として**追認することはできない**（最判昭28.12.3，最判昭42.9.16）。

※事後設立

　事後設立とは，会社の成立前から存在する財産を，今後も継続的に営業用に使用する目的で，**成立後2年以内**に会社が譲り受ける契約をすることである。財産引受けと異なり，会社が完全に成立した後の取引の一環であり**検査役の調査は不要**であるが，その財産の価格が会社の資本の**20％を超える場合**には，会社に重大な影響を与えるおそれがあるから，株主総会の**特別決議**（309条2項，第8節株主総会を参照）を必要としている（467条1項3号）。

3）発起人の報酬・特別利益

　報酬とは，**職務執行に対する対価**であり，特別利益とは，功労に報いるた

めの特別の財産上の利益である。発起人のお手盛りを防止するため，変態設立事項とされている。

4）設立費用

【設立費用】

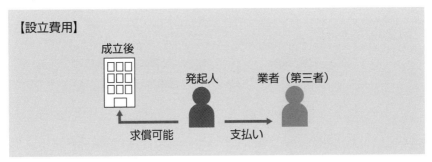

設立費用とは，発起人が設立中の会社の機関として，会社の設立のために支出する費用のことである。発起人の支出した設立費用は成立した会社に対して当然に求償できるはずであるが，これを無制限に認めると，会社の財産的基礎が害されるおそれがあるので，変態設立事項としているのである。

4. 株式の引受け（株式の申込み，出資履行等）

（1）株式の引受け

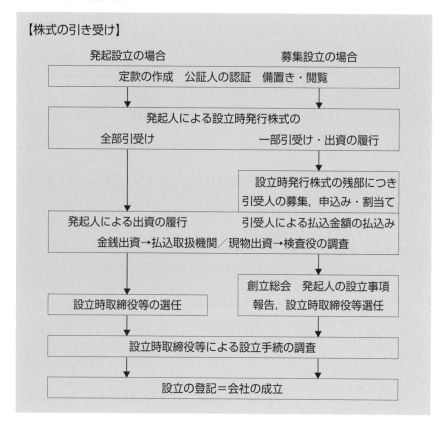

【株式の引き受け】

発起設立の場合　　　　　　　　募集設立の場合

定款の作成　公証人の認証　備置き・閲覧

発起人による設立時発行株式の
全部引受け　　　　　　　　一部引受け・出資の履行

設立時発行株式の残部につき
引受人の募集，申込み・割当て

発起人による出資の履行　　　引受人による払込金額の払込み
金銭出資→払込取扱機関／現物出資→検査役の調査

創立総会　発起人の設立事項
報告，設立時取締役等選任

設立時取締役等の選任

設立時取締役等による設立手続の調査

設立の登記＝会社の成立

① 発起設立

　発起設立とは，設立に際して発行する株式のすべてを**発起人のみ**で引き受ける設立形態である（34 条）。

② 募集設立

　募集設立とは，発起人が設立に際して発行する株式総数の**一部**を引き受け，残りについては**株主を募集**する設立形態である。

募集設立においては，募集に際して，発起人全員の同意をもって，募集条件（株式数，払込金額，金額払込みの期日または機関等）を均等に定めなければならない（58条）。

また，株式を申し込もうとする者に対しては，電磁的方法を用いる場合を除いて，発起人が法定事項を記載して作成した株式申込証を用いなければならない（59条）。

そして申込者の中から割当てを受ける者を定める。割当てを受けた申込者は**株式引受人**となり，その株式数に応じた払込義務を負うことになる（63条）。

なお，株式引受人の地位（**権利株**）の譲渡は，当事者間では有効だが，会社に対しては対抗することができない（35条）。

(2) 出資の履行

発起人は，遅滞なく，引き受けた株式について**払込価額の全額の払込み**をし，または**現物出資全部を給付**しなければならない（34条1項）。株式会社では株主が間接有限責任しか負わないので，会社債権者の担保となるのは会社財産のみとなり，財産が確実に拠出されることが要求されるからである。

発起人のうち出資の履行をしていない者がある場合，発起人は，期日を定め出資を履行しなければならない旨を，その期日の**2週間前**までに通知しなければならない（36条1項・2項）。その期日までに出資の履行をしない発起人は，**当然に設立時発行株式の株主となる権利を失う**（同条3項）。

発起人と同様に，**株式引受人**も，引き受けた株式の払込金額の**全額の払込み**を行わなければならない（63条1項）。株式引受人が発起人の定めた一定期間内（58条1項3号）に全額の払込みをしない場合も，**当然に設立時募集株式の株主となる権利を失う**（同条3項）。この点，改正前商法においては，払込みをしなかった株式引受人が引き受けていた部分につき，発起人は他の株式引受人を募集することができたが（改正前商法179条2項），会社法ではそのような規定がないので，**株式引受人の再募集はできない**ことになる。

そして，金銭の払込みが確実にされるように，**発起人・株式引受人ともに払込金額の払込みは発起人が定めた払込取扱銀行等**に行わなければならない（34条2項，63条1項）。

なお，払込みの一部がない場合であっても，定款が定める「設立に際して出資される財産の価額又はその最低額」以上の出資がなされていれば，そのまま設立手続を続けることができる（27条4号）。

5. その他の手続

(1) 取締役・監査役等（設立時取締役等）の選任

発起設立の場合は，発起人による出資の履行が完了した後，遅滞なく，引き受けた株式の議決権の過半数をもって定めることとなる[3]（38条，40条1項・2項）。

これに対し，募集設立の場合は，創立総会の決議によって選任することとなる（88条）。

(2) 設立手続に関する調査

① 検査役による調査

発起人は，変態設立事項を調査させるために，裁判所に検査役の選任を請求しなければならない（33条1項）。ただし，現物出資・財産引受けについて，以下の場合には検査役の調査が不要となる。

1) 対象となる財産の価額の総額が500万円を超えないとき（33条10項1号）
2) 対象となる財産が「市場価格のある有価証券」の場合（取引所に上場している有価証券でなくてもよい。同項2号）
3) 現物出資・財産引受けが相当であることについて，弁護士・弁護士法人・公認会計士・監査法人，税理士・税理士法人の証明を受けた場合（ただし，不動産の場合は不動産鑑定士の鑑定評価も必要。同項3号）

検査役の調査の結果，不当と認められたときは，次のようになる。

発起設立……裁判所が該当部分の定款の定めを変更し，発起人に通告する（33条7項）

3）設立しようとする会社が監査等委員会設置会社である場合は，監査等委員である設立時取締役とそれ以外の設立時取締役とを区別して選任する（38条2項）。これは創立総会での選任でも同様である（88条2項）。

募集設立……調査結果は報告書として創立総会に提出されるとともに（87
　　　条2項），創立総会で定款変更の決議をすることができる

②　設立時取締役等による調査

　発行価額全額の引受け・払込みの状況，および現物出資の履行の有無を調査
する（46条1項2号・3号，93条1項）。現物出資・財産引受けについて検査
役の調査が不要の場合には，設立時取締役等が調査にあたる（46条）。

（3）創立総会（募集設立のみ）

①　意　義

　募集設立において，出資がすべて履行されると，創立総会が招集される（65
条）。創立総会とは，株式引受人で構成される設立中の会社の議決機関であり，
成立後の会社における株主総会に相当する。

②　権　限

　創立総会は，まず発起人から創立に関する事項の報告を受け，続いて**設立時
取締役等**（設立時取締役，設立時会計参与，設立時監査役，設立時会計監査人）
の選任をする（88条）。

　また，変態設立事項について，発起人の調査結果，検査役の報告書について
検討し，不当と認めたときは**定款を変更する**ことができる（96条）。この定款
変更は，縮小または削除に限られ，新たに変態設立事項に関する事項の追加や
既存の事項を拡張させることは許されないと解されている（最判昭41.12.23）。

③　決議方法

　創立総会の決議は，出席した株式引受人の**議決権の3分の2以上かつ議決権
の総数の過半数にあたる多数**をもってなされる（73条1項）。いずれも会社と
して成立させるのに重要な事項であることから，成立後の株主総会の特別決議
よりも厳格な要件を採用している。

6. 仮装払込み

(1) 預合

　預合とは，発起人が，**払込取扱銀行から借入れ**をして，それを設立中の会社の預金に振り替えて払込みに充てるが，この**借入れを弁済するまでは預金を引き出さないことを約束する行為**である。

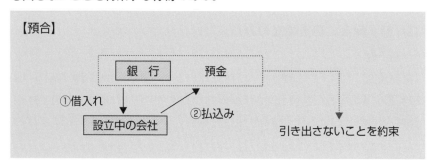

【預合】

　このような仮装の払込みは，会社にとって実質的には**財産が確保されていない**ので，会社債権者や他の引受人保護の観点より**無効**と解するべきである。また，会社法は預合に対して**重い刑罰**を科している（965条）。

(2) 見せ金

　見せ金とは，発起人が払込取扱機関以外の者から借り入れ，その金銭を株式の払込みに充てて会社を設立し，会社の成立後に預金を引き出して，借入金の返済に充てる方法である[4]。

4）平成26年改正によって，見せ金を行った発起人の責任（52条の2），設立時募集株式の引受人による見せ金に関与した発起人の責任（103条2項）が追加された。

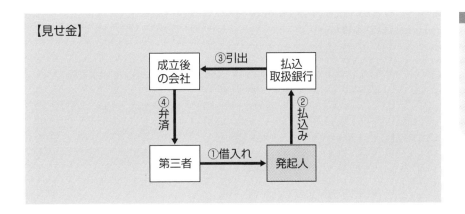

【見せ金】

　見せ金は**預合の脱法的手段**として用いられていることから，これを規制する必要性が高い。そこで，当初から真実の株式払込みとして**会社の資金を確保する意図がなく**，一時的借入金により単に払込みの外形を整え，**会社成立後ただちに払込金を払い戻して借入先に返済**している場合には，一連の行為を全体的に観察すると**有効な株式払込みとはいえない**ので**無効**とするべきである（最判昭 38.12.6）。

　なお，見せ金につき預合のように刑罰を科することは，罪刑法定主義（憲法31 条参照）に反するので，見せ金は**刑罰の対象にはならない**。

7. 設立に関する責任

(1) 発起人・設立時取締役・設立時監査役の責任

　会社法は，株式会社の設立過程における不正・違法を防止し，成立後の**会社の健全性を確保**するために，設立に関与した発起人，設立時の取締役・監査役に対して，会社または第三者に対する責任を課している。

【設立に関する責任】

　・会社成立の場合の責任
　　┌ 会社に対する責任 ┬ 現物出資等の財産の価額が不足する場合の
　　│　　　　　　　　　　　不足額填補責任（52条）
　　│　　　　　　　　├ 任務懈怠による損害賠償責任（53条１項）
　　│　　　　　　　　├ 出資の履行を仮装した場合の責任
　　│　　　　　　　　│　（52条の２）
　　│　　　　　　　　└ 設立時募集株主の引受人の見せ金に関与した
　　│　　　　　　　　　　場合の責任（102条の２）
　　└ 第三者に対する責任（53条２項）
　・会社不成立の場合の責任（56条，発起人のみ）

① 現物出資・財産引受けの不足額填補責任

　株式会社の成立時における現物出資・財産引受けの価額が，定款に記載・記録された価額に著しく不足するときは，発起人および設立時取締役は，会社に対し，連帯して不足額を支払う義務を負う（52条１項）。

　ただし，現物出資財産等につき検査役の調査を受けた場合には，不足額の支払義務は発生しない（52条２項）。反対に，検査役の調査を経ていない場合，発起設立では，発起人または設立時取締役がその職務につき注意を怠らなかったことを証明すれば支払責任を負わないが（同条２項２号，**過失責任**），募集設立では，財産価額の調査に過失がない場合でも不足額の支払責任を免れることはできない（**無過失責任**）。

② 出資の履行を仮装した場合の責任

　出資の履行を仮装した場合としては，**金銭の払込みの仮装（見せ金）**及び**現物出資の仮装**がある[3]。金銭の払込みを仮装した発起人は，会社に対し，払込みを仮装した出資に係る金銭の全額の支払いをする義務を負う（52条の２第１項１号）。また，現物出資を仮装した発起人は，会社に対し，仮装した現物出資に係る財産の全部の給付（会社から財産の価額に相当する金銭の支払いを請求されたときは，当該金銭の全額の支払い）をする義務を負う（同条項２

号）。これら出資の履行を仮装した発起人の責任は**無過失責任**である（同条項
2号但書括弧書）。

　そして，出資の履行の仮装に関与した発起人または設立時取締役も，会社に
対し，連帯して上記の支払義務・給付義務を負う（同条2項，3項）。ただし，
職務を行うについて相当の注意をしたことを証明すれば，支払義務・給付義務
を負わない（**過失責任**，同条2項但書）。

　発起人は，上記の支払義務・給付義務を履行した後でなければ，出資の履行
を仮装した設立時株式について，設立時株主及び株主としての権利を行使でき
ない（同条3項）。しかし，この設立時株式を善意かつ無重過失で譲り受けた
者は，設立時株主及び株主としての権利を行使できる（同条4項）。

③　設立時募集株主の引受人の見せ金に関与した場合の責任

　見せ金をした設立時募集株式の引受人も，会社に対し，払込みを仮装した払
込金額の全額の支払いをする義務を負う[5]（102条の2第1項）。ただし，こ
の責任は総株主の同意があれば免除される（同条2項）。

　そして，この見せ金に関与した発起人または設立時取締役は，会社に対し，
設立時募集株主の引受人と連帯して，払込みを仮装した払込金額の全額の支払
いをする義務を負う（103条2項）。ただし，払込みを仮装した発起人（無過
失責任）を除き，職務を行うについて相当の注意をしたことを証明すれば，支
払義務を負わない（**過失責任**，同条項但書）。

④　任務懈怠責任

　発起人・設立時取締役・設立時監査役は，会社の設立についてその任務を
怠ったときは，当該会社に対し，これによって生じた損害を賠償する責任を負
う（53条1項，423条1項）。

⑤　第三者に対する責任

　発起人，設立時の取締役・監査役は，その職務を行うにつき悪意または重過
失があったときは，当該発起人，設立時取締役・監査役は，これによって第三

5）設立時募集株式の引受人は，支払義務を履行した後でなければ，払込みを仮装した設立時発行株式について，設立
時株主及び株主としての権利を行使できない（102条2項）。ただし，この設立時発行株式を善意かつ無重過失で譲り受
けた者は，設立時株主及び株主としての権利を行使できる（同条4項）。

者に生じた損害を賠償する責任を負う（53条2項）。

⑥　責任の免除

　①の現物出資・財産引受の不足額填補責任，②出資の履行を仮装した場合の責任，③設立時募集株主の引受人の見せ金に関与した場合の責任，④の任務懈怠責任については，総株主の同意があったときに限り免除される（55条，103条2項，424条）。

（2）擬似発起人

　定款に署名していないため発起人とはなっていないが，株式募集に関する文書に創立委員等として自己の名前を掲げることを承諾した者についても，発起人とみなして，発起人と同一の責任を負わせている（103条4項）。

8. 設立無効および不成立

（1）設立無効

①　無効原因

　株式会社の設立無効の原因は，設立が法の定めた準則に合致していないという**客観的瑕疵**がある場合に限られる。たとえば，定款が絶対的記載事項を欠いている場合（27条），創立総会の招集がない場合（65条以下）などである。

②　設立無効の訴え

　設立無効については，**株主・取締役・監査役**（委員会設置会社は**執行役**）のみが，**会社成立の日から2年以内に**（828条1項・2項），**会社に対して**（834条）訴える方法によってのみ主張することができる。

　これは，既に会社が活動を始めていることから，**無効主張の可及的制限**を図ったものである。

　さらに，会社等の被告の請求があれば，裁判所は訴えを提起した株主に対し，相当の担保の提供を命ずることができる（836条）。訴訟の濫用を防ぎ，会社活動の安定を図る狙いがある。

③　設立無効判決

設立無効判決が確定すると，その判決は当事者のみならず，**第三者にも効力**を及ぼし（**対世的効力**），何人もこれを争えなくなる（838 条）。すでに会社の内外において多数の法律関係が形成されているので，そのような法律関係を適切に処理する観点から，会社を中心とする**法律関係の画一的確定**を図る必要があるからである。

ただし，設立無効判決が下されても，**将来に向かってのみ効力**を生じ，既に会社・株主および第三者の間に生じた権利義務は**依然として有効**である（839 条）。会社の外観上の存在を尊重し，**外観を信頼した者の保護**を図ろうとしているのである。そして，設立無効判決は，**解散に準ずる効力**を生じて，会社は**清算**することになる（644 条 2 号）。

（2）会社の不成立

株式会社の設立手続が途中で挫折し，**設立登記に至らなかった場合**である。発起人は，連帯して，株式会社の設立に関する行為についての責任を負い，設立に関して支出した費用を負担する（56 条）。

1 変態設立事項については，定款に記載し，原則として検査役の調査を経なければ効力を生じない（28条）。

2 株式会社では，設立にあたり，金銭出資が原則であるが，発起人に限り現物出資が認められている（28条1号）。

3 設立の方法には，発起人のみが株式を引き受ける発起設立と，一部の株式について株主を募集して引き受けさせる募集設立とがある(57条)。

4 仮装払込み（預合・見せ金）は，有効な払込みとはならない。

5 設立無効判決には，対世的効力がある（838条）。

6 会社が不成立に終わった場合，設立に関してなされた行為の責任は，発起人がすべて負担する（56条）。

Exercise

問題①　株式会社の設立に関するア～オの記述うち，妥当なもののみをすべて挙げているのはどれか。　　　　　　　　　　　　　　（国Ⅰ平20）

ア　定款の記載事項は，絶対的（必要的）記載事項，絶対的記載事項，任意的記載事項に分けられるが，会社法28条が規定する変態設立事項は原始定款で定めなければならず，絶対的記載事項に当たる。

イ　発行可能株式総数は，定款の絶対的（必要的）記載事項であるが，定款認証時に記載されていることまでは必要とされていない。

ウ　変態設立事項については，原則として，裁判所が選任した検査役の調査が必要とされており，時価1,000万円の不動産を現物出資した場合は，常に検査役の調査が必要である。

エ　検査役の調査を省略した場合で，現物出資した財産の価額が定款で定めた価額に著しく不足するときには，発起人はその不足額を支払う義務を負うが，募集設立において，現物出資者以外の発起人は，無過失であることを立証すれば当該義務を免れる。

オ　発起人が設立時発行株式を1株も取得しなかった場合は，ほかの出資者により出資された財産の価額が，定款で定めた設立に際して出資される財産の価額又はその最低額を満たしていたとしても設立無効原因に当たると解される。

1　ア，エ

2　ア，オ

3　イ，ウ

4　イ，オ

5　ウ，エ

・・・

解説

ア　誤。定款の記載事項は，絶対的記載事項，相対的記載事項，任意的記載事項の3つに分けられるので，前段の記述は正しい。しかし，会社法28条が規定する変態設立事項は，定款に記載しない限りその事項の効力が生じない相対的記載事項であり，絶対的記載事項ではない。したがって，後段が誤っている。

イ　妥当である。株式会社が発行することができる株式の総数である発行可能株

式総数は，絶対的記載事項である。しかし，株式会社が成立するまでに，発起設立の場合は発起人全員の同意により，募集設立の場合は創立総会により定款を変更して定めればよいので（37条1項），定款認証時に記載されていることまでは必要とされていない。

ウ 誤。時価1,000万円の不動産を現物出資した場合でも，定款に記載され，または記録された価格が相当であることについて弁護士，弁護士法人，公認会計士，監査法人，税理士又は税理士法人の証明を受けた場合は，例外的に検査役の調査が不要である（33条10項3号）。したがって，常に検査役の調査が必要なわけではない。

エ 誤。現物出資した財産の価額が定款で定めた価額に著しく不足するとき，発起人はその不足額を支払う義務を負う（52条1項）。そして，募集設立の場合，株式引受人保護の観点から，この責任は無過失責任とされている（103条1項参照）。したがって，募集設立の場合，現物出資者以外の発起人が無過失であることを立証しても不足額を支払う義務を免れることはできない。

オ 妥当である。発起人は，発起設立（25条1項1号）であると，募集設立（25条1項2号）であるとにかかわらず，一株以上引受け・払込みをしなければならない（25条2項）。したがって，発起人が設立時発行株式を1株も取得しなかった場合は，定款で定めた出資額又はその最低額を満たしていたとしても設立無効原因に当たると解されている。

　以上より，妥当なものはイ・オなので，正解は**4**となる。

解答　**4**

問題②　株式会社の設立に関する次の記述のうち，妥当なのはどれか。

（国税平30）

1　会社の設立に際して，定款に記載される絶対的記載事項のうち，目的，商号，本店の所在地，発起人の氏名又は名称及び住所，発行可能株式総数は，定款の認証に先立ち定められることが必要である。

2　設立時発行株式の引受けについては，心裡留保又は虚偽表示を理由として，その無効を主張することはできないが，詐欺又は強迫を理由とする取消しは，会社の成立後であってもすることができる。

3　設立時募集株式の引受人は，発起人の定めた払込期日又は払込期間内に払

込みをしない場合であっても，失権の手続が経られていなければ，払込みをすることにより設立時募集株式の株主となる権利を失わない。

4 会社の設立無効の訴えは，会社の成立の日から2年以内に，株主，取締役，監査役，会社債権者に限り提起することができる。

5 会社の設立無効の訴えで原告が勝訴し，設立を無効とする判決が確定すると，第三者に対してもその判決の効力が及ぶが，既に会社，株主及び第三者の間に生じた法律関係は影響を受けない。

解説

1 誤。定款の絶対的記載事項のうち，目的（27条1号），商号（同条2号），本店の所在地（同条3号），設立に際して出資される財産の価額又はその最低額（同条4号），発起人の氏名又は名称及び住所（同条5号）は定款の認証に先立ち定められることが必要である。これに対し，発行可能株式総数は，株式会社の成立の時までに定めればよく，定款の認証に先立ち定められる必要はない（37条）。定款認証後の事情の変化に柔軟に対処できるようにするためである。

2 誤。心裡留保，虚偽表示の規定は，設立時発行株式の引受けに係る意思表示については，適用しない（51条1項，102条5項）。したがって，設立時発行株式の引受けについて，心裡留保又は虚偽表示を理由として無効の主張をすることはできない。さらに，発起人や設立時募集株式の引受人は，株式会社の成立後は，詐欺若しくは強迫を理由として設立時発行株式の引受けの取消しをすることができない（51条2項，102条6項）。したがって，会社の成立後に詐欺又は強迫を理由とする取消しは行うことができない。

3 誤。設立時募集株式の引受人は，発起人の定めた払込期日又は払込期間内に，発起人が定めた銀行等の払込みの取扱いの場所において，それぞれの設立時募集株式の払込金額の全額の払込みを行わなければならない（63条1項）。そして，設立時募集株式の引受人は，払込みをしないときは，当該払込みをすることにより設立時募集株式の株主となる権利を失う（同条3項）。払込みがない場合には，当然に失権するのであるから，払込みをすることにより設立時募集株式の株主となる権利を失う。

4 誤。会社の設立無効の訴えは，会社の成立の日から2年以内に提起することができる（828条1項1号）。しかし，提訴権者は，監査役設置会社にあっては株主，取締役，監査役又は清算人に限定されており（同条2項1号），会社債権者は提訴権者ではない。

5 妥当である。会社の設立無効の訴えに係る請求を認容する確定判決は，第三者に対してもその効力を有する（838条，対世効）。また，会社の設立無効の訴えに係る請求を認容する判決が確定したときは，当該判決において無効とされた行為は，将来に向かってその効力を失う（839条，将来効）。したがって，すでに会社，株主及び第三者の間に生じた法律関係は影響を受けない。

解答 5

7 株 式

株式は機関と並んで会社法では最も出題の多い分野です。株主総会
の議決権行使でも重要ですが，本節では，株式の種類，株式譲渡を
中心に学習していきます。

1. 株式の意義

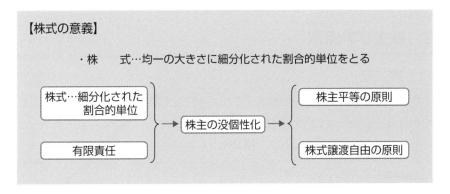

【株式の意義】

・株　式…均一の大きさに細分化された割合的単位をとる

株式とは，株式会社における社員たる地位であり，**均一の大きさに細分化さ
れた割合的単位**の形式をとる。そして，株式の所有者を株主といい，各株主は
保有する株式の数に応じた地位を有する（持分複数主義）。なお，株式は株主
の地位の単位なので，1個の株式を分割することは法が認める場合を除いて許
されない（株式不可分の原則）。

2. 額面株式制度の廃止

従来は，株式会社は，額面株式または無額面株式またはその双方を発行でき
るとされていた。額面株式は定款で1株の金額（券面額）が定められている株
式で，株券に券面額が表示されていた。無額面株式は株券に券面額の記載がな
く株式数のみが記載される株式である。わが国の会社のほとんどが額面株式を

発行していた。両者の権利の内容に差はなく，1株の価値は等しいとされていた。

　しかし，額面株式については，株式の時価が株式会社の経済的価値によって定まるのに，券面額が株式の時価と関係があるように誤解される可能性がある等の問題点が指摘されていた。そこで，平成13年の商法改正により額面株式を廃止し，全てを無額面株式と扱うことになった。そして，会社法はさらに推し進めて**株券不発行を原則**としたので（214条），券面額と時価の離齬の問題はクリアされたといえる。

3. 株主平等原則

(1) 意　義

　株主平等原則とは，株主が保有する株式の内容や数に応じて平等の取扱いを受けることである（109条1項）。改正前商法では株主平等原則を正面から認める規定はなかったが，会社法で**明文化**されるに至った。

[109条]
　株式会社は，株主を，その有する株式の内容及び数に応じて，平等に取り扱わなければならない。
2　前項の規定にかかわらず，公開会社でない株式会社は，第百五条第一項各号に掲げる権利に関する事項について，株主ごとに異なる取扱いを行う旨を定款で定めることができる。

---

(2) 内　容

　①**株式内容の平等**…各株式の内容が同一であること
　〈例外〉　1）種類株式（108条）
　　　　　　2）単元未満株式（189条）
　②**株式取扱いの平等**…各株式の内容が同一である限り，同一の取扱いがなされるべきであること
　〈例外〉　1）株主が不利益な取扱いを受けることを承認する場合

2) 株主ごとの異なる取扱いを認める定款規定（109条2項・3項）

3) 少数株主権の要件

4) 株主の権利行使における保有期間の要件

5) 株主優待制度

株式取扱いの平等の例外は，同一内容の株式を有する株主につき，保有株式数または株式保有期間に応じて異なる取扱いを認めるものである。

株主優待制度については明文規定がないので問題となる。株主優待制度とは，たとえば，鉄道会社が一定株式数以上を保有する株主に無料乗車券を配布するなど，株主に営業上の利益を株式数に応じて付与することである。優待制度それ自体は株式会社の営業上のサービスの一環なので，株主平等原則とは本来は無関係とも思える。ただ，優待制度によって付与される利益が大きく，かつ，それを受ける株主が少数のときは問題が生じうる。

また，特定の株主による経営支配権の取得によって，株式会社の企業価値が毀損され，株主の共同利益が害されることを防止するため，その特定の株主を差別的に取り扱っても，直ちに株主平等原則の趣旨に反するわけではないとした判例がある（最決平19.8.7，**ブルドックソース事件**）。

[判例] （最決平19.8.7）
　会社法109条1項に定める株主平等の原則の趣旨は，株主に対して新株予約権の無償割当てをする場合にも及ぶ。 しかし，特定の株主による経営支配権の取得に伴い，株式会社の企業価値がき損され，株主の共同の利益が害されることになるような場合に，その防止のために上記特定の株主を差別的に取り扱うことは，衡平の理念に反し，相当性を欠くものでない限り，会社法109条1項に定める株主平等の原則の趣旨に反しない。

(3) 株主平等原則に違反した場合

株主平等原則は，多数決の濫用や取締役等による恣意的な権限行使から**少数株主を保護**するための会社法の基本原則である。よって，株主平等原則に違反する会社の行為（定款の規定，株主総会決議，取締役会決議，代表取締役の業務執行行為）は，例外を認める規定に基づく場合を除いて**無効**となる（**強行法規**）。

4. 株主の権利

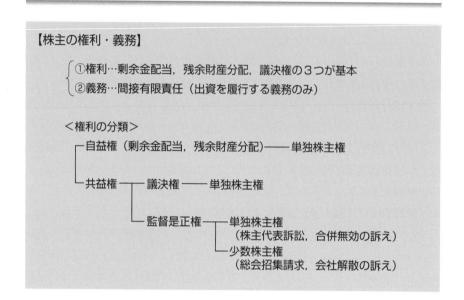

【株主の権利・義務】

　　①権利…剰余金配当，残余財産分配，議決権の３つが基本
　　②義務…間接有限責任（出資を履行する義務のみ）

　　＜権利の分類＞
　　　　自益権（剰余金配当，残余財産分配）―――単独株主権

　　　　共益権―――議決権―――単独株主権

　　　　　　　　　　監督是正権―――単独株主権
　　　　　　　　　　　　　　　　　　（株主代表訴訟，合併無効の訴え）
　　　　　　　　　　　　　　　　　少数株主権
　　　　　　　　　　　　　　　　　　（総会招集請求，会社解散の訴え）

　株主は，その保有する株式について，1）**剰余金の配当を受ける権利**，2）**残余財産の分配を受ける権利**，3）**株主総会における議決権**，4）その他会社法の規定で認められた権利を有する（105条１項）。1），2）の権利は定款によっても排除できない（同条２項）。本条の規定は，1）～3）が株主の中心的権利であることを示したものである。

> ［105条］
> 　株主は，その有する株式につき次に掲げる権利その他この法律の規定により認められた権利を有する。
> 　一　剰余金の配当を受ける権利
> 　二　残余財産の分配を受ける権利
> 　三　株主総会における議決権
> 2　株主に前項第一号及び第二号に掲げる権利の全部を与えない旨の定款の定めは，その効力を有しない。

（1）権利の性質による分類

自益権…会社から経済的利益を受けることを目的とした権利。

   1）剰余金の配当を受ける権利（453条～）

   2）残余財産の分配を受ける権利（504条～）

   3）募集株式の割当てを受ける権利（202条）

   4）新株予約権の割当てを受ける権利（241条）

   5）株式買取請求権（116条，469条等）

共益権…会社経営に参与することを目的とした権利。**監督是正権**も含まれる。

   1）株主総会における議決権（308条）

   2）取締役の違法行為差止請求権（360条）

   3）株主総会決議の取消し・無効等の訴え（830条，831条）

   4）株主代表訴訟[6]（847条）

（2）権利行使の要件による分類

単独株主権…保有株式数に関係なく行使できる権利。自益権はすべて単独株主権である。

少数株主権…総株主の議決権の一定割合以上，あるいは一定数以上の株式を有する株主のみが行使できる権利。

6）平成26年改正で，最終完全親会社等の株主による株主代表訴訟（特定責任追及の訴え）が認められた（847条の3）。

〈権利行使の要件による分類〉

	議決権数	株式保有期間	株主権
単独株主権	－	－	設立・新株発行・合併等の無効の訴え（828条1項各号）株主総会決議取消し・無効等の訴え（830条，831条）
	－	行使前6カ月※	株主代表訴訟（847条）
少数株主権	総株主の議決権の100分の1以上	行使前6カ月※	株主総会検査役選任請求権（306条）
	総株主の議決権の100分の3以上	行使前6カ月※	株主総会招集請求権（297条）
	総株主の議決権の100分の3以上または自己株式を除く発行済株式の100分の3以上	行使前6カ月※	取締役・監査役・会計参与の解任の訴え（854条）
	総株主の議決権の10分の1以上または自己株式を除く発行済株式の10分の1以上	－	会社解散の訴え（833条）

※非公開会社は「行使前6カ月」が不要となる。

5. 株主の義務

　株主は，その有する**株式の引受価額を限度**とする出資義務を負うのみである（104条）。これを**株主有限責任の原則**という。

　もっとも，株主は，募集株式の引受人としての出資義務を履行しないと株主になれないので（208条5項），株主となった後は，会社に対して何らの義務も負わないことになる。

6. 株式の種類

【株式の種類】

- 株式の「全部」を一定内容の株式にする（以下の３つのみ）
  → 譲渡制限株式，取得請求権付株式，取得条項付株式
- 異なる「２つ以上の種類」の株式を発行する（種類株式）
  → 多くの種類の株式が認められている

（1）株式全部の内容に関する定め

　株式会社は，**発行する株式の全部を以下の内容の株式とする旨の定款を定め**ることができる（107条１項）。種類株式とは異なりすべての株式の内容が同じなので，**株主平等原則の例外ではない**。

① 譲渡制限株式

　譲渡による株式取得について，株式会社の承認を必要とする株式である（同条１項１号，詳細は**9.（3）**参照）。

② 取得請求権付株式・取得条項付株式

・取得請求権付株式

　　株主が，会社に対して，自己の保有する株式を取得してもらい，それと引換えに社債，新株予約権，その他定款で定める財産を交付するよう請求できる権利が付与されている株式（同条１項２号，２項２号）。

・取得条項付株式

　　株式会社が，定款で定めた一定の事由が生じたことを理由に株主の保有する株式を強制的に取得し，それと引換えに社債，新株予約権，その他定款で定める財産を交付できる権利が付与されている株式（同条１号３号，２項３号）。

　改正前商法と比較すると，取得請求権付株式は転換予約権付株式，取得条項

付株式は強制転換条項付株式と類似した制度であるといえる。しかし，転換予約権付株式・強制転換条項付株式が転換によって消滅するのに対し，取得請求権付株式・取得条項付株式は引換えによって消滅せず，これらは株式会社の自己株式として残る点に違いがある。

　なお，株式会社が交付する財産等に株式が含まれていないが，これは1種類の株式しか発行していないからである。

（2）種類株式

　株式会社は，以下のような異なる定めをした内容の異なる2種類以上の株式（種類株式）を発行できる（108条1項）。会社法は種類株式を発行する株式会社を**種類株式発行会社**と定義している（2条13号）。

①　剰余金の配当・残余財産の分配

　具体的には，剰余金の配当や残余財産の分配につき，他の株主より優先的または劣後的な取扱いをする内容の種類株式を発行することである。ただし，これらの権利を全く与えないとする種類株式は無効である（105条2項）。優先的取扱いを受ける株式を**優先株**，劣後的取扱いを受ける株式を**劣後株**，どちらでもない株式を**普通株**という。

②　議決権制限株式

　株主総会の決議事項の**全部または一部**について議決権を行使できないとする株式である。なお，**公開会社**においては，議決権制限株式が発行済株式総数の2分の1を超えた場合には，2分の1以下にするための必要な措置を直ちに講じなければならない（115条）。

③　譲渡制限株式

　従前は全部の株式を譲渡制限とするか否かを選択できるのみであったが（改正前商法204条1項但書），会社法では発行する株式の一部を譲渡制限株式とすることも可能になった。

④　取得請求権付株式・取得条項付株式

　(1)の「株式全部の内容に関する定め」の場合とは異なり，引換えとして

株式会社が交付する財産等に株式が含まれている（108条2項5号ロ，同6号ロ）。種類株式発行会社は2種類以上の株式を発行しているからである。

⑤ **全部取得条項付株式**[7]

　株式会社が，**株主総会の決議**により，一定の対価を支払って（108条2項7号イ参照）当該種類株式の**全部**を取得する権利が付与されている株式である。取得した株式は株式会社の自己株式となる。

〈全部取得条項付株式〉

	主導権を有する者	取得原因	一部取得または全部取得	引換えに何を株主に交付するか？
取得請求権付株式	株主	株主の請求	一部取得でも全部取得でもよい	株式，社債，新株予約権，その他定款で定める財産
取得条項付株式	株式会社	定款で定めた一定の事由		
全部取得条項付株式		株主総会の決議	全部取得のみ	

⑥ **株主総会決議に対する拒否権**

　株主総会で決議すべき一定の事項につき，当該機関の決議の他に，当該種類株式を保有する株主を構成員とする種類株主総会（321条以下）の決議を必要とする内容を定めた株式である。

⑦ **役員選任権付株式**

　当該種類株式を保有する株主を構成員とする種類株主総会において，定款で定めた人数（同条2項9号イ参照）の取締役または監査役を選任できる旨の内容を定めた株式である。ただし，公開会社または委員会設置会社は，この種類株式を発行できない（同条1項但書）。これは，ベンチャー企業等において自己の利益を代弁してくれる者を必ず選任したい場合に発行される。

7）平成26年改正で，全部取得条項付株式の取得が法令・定款に違反する場合において，株主が不利益を受けるおそれがあるときは，会社に対し，当該全部取得条項付株式の取得をやめることを請求できるようになった（171条の3）。

（3）単元株制度

単元株制度とは，株式の一定数をまとめたものを1単元として，**株主の議決権は1単元につき1個**とすることである（188条1項）。主に**株主管理コストを軽減**するために用いられている。たとえば，100株を1単元とした場合，350株を有する株主には3個の議決権が与えられる。

1単元未満の株式（**単元未満株式**）を有するだけの株主（上記例では99株以下）は，**議決権を行使できない**（189条1項）。ただし，単元未満株主の利益保護の観点から，**株式買取請求権**（192条）や**単元未満株式売渡請求権**（194条）を認めている。単元未満株式売渡請求権とは，たとえば，80株を有する株主が1単元（＝100株）を保有して議決権を行使できるようにするため，会社に20株の売渡しを請求することである。

定款変更により単元株制度を導入する場合には株主に対して不利益をもたらすこととなるので，取締役は株主総会においてその変更を必要とする理由を開示し特別決議を経なければならない（190条，309条2項11号）。逆に，単元未満株を減少し，または単元未満株を廃止する場合は，株主に利益をもたらすので取締役の決定または取締役会の決議で足りる（195条1項）。

なお，従来の端株制度は廃止され（改正前商法220条以下），単元株制度に統合されることになった。

（4）株主ごとの異なる取扱いを認める定款規定

非公開会社は，105条1項各号の権利（剰余金の配当を受ける権利，残余財産の分配を受ける権利，株主総会における議決権）について，**株主ごとに異なる取扱い**をする旨を定款で定めることができる（109条2項）。たとえば，保有株式数に関係なく各株主の剰余金配当額を同じにすることなどが考えられる。

ただし，定款変更によりこの旨の定款を定めるためには，総株主の半数以上かつ総株主の議決権の4分の3以上の多数の賛成を要する（309条4項，特殊決議）。株主平等の原則の重大な例外なので，特別決議（同条2項）よりも厳格な要件となっており，さらにこの旨の定款規定は**公開会社では認められない**。

7．利益供与の禁止

　会社は，何人に対しても，**株主の権利の行使**に関し，財産上の利益を供与してはならない（120条1項）。また，特定の株主に無償で利益を供与した場合には，株主の権利行使に関する利益供与があったと推定される（同条2項）。いわゆる**総会屋対策**として設けられた規定であり，企業経営の健全化および会社財産の無駄な浪費の防止を目的としている。

　本規定に違反する利益供与がなされた場合，利益を受けた者はそれを会社に返還することを要する（同条3項）。利益供与に関与したにとどまる取締役は過失責任（同条4項），**利益供与をした取締役は無過失責任**を負う（同項但書）。この責任は総株主の同意があった場合のみ免除される（同条5項）。

8．株　券

（1）株券不発行の原則

　株券とは，株主の地位を表章する**有価証券**である。従来は，株主に株券を発行することを原則としていたが（改正前商法226条1項），会社法は**株券不発行を原則**として，株券を発行するのは定款でその旨を定めている場合に限ることとした（214条）。その理由として，1）株券発行に要する費用の削減，2）ペーパーレス化による株主関係の迅速な処理，3）非公開会社では株式の流通性が乏しく株券発行の必要性が少ない，などが挙げられる。

　株券発行にかかる定款規定を置いている株式会社を**株券発行会社**という。株券に関する規定は株券発行会社にのみ適用される。

（2）発行手続

　株券発行会社は，株式発行以降，遅滞なく株券を発行することを要する（215条1項）。ただし，非公開会社は，株主から請求があるまで株券を発行しないことができる（同条4項）。また，株券発行会社の株主が株券の不所持を申し出たときは，株券を発行しなくてよい（217条1項，**株券不所持制度**）。

　株券を発行する旨の定めを廃止する定款変更をするときは，当該定款変更の

効力が生ずる日の2週間前までに，所定の事項（定款変更により株券が無効になる等）を公告し，かつ，各株主には個別に通知しなければならない（218条1項）。

（3）株券喪失登録

　株券喪失登録制度は，改正前商法下の株券失効制度をほぼそのまま踏襲したものである。

　株券を喪失した者は，株券発行会社に対して株券喪失登録の申請ができる（223条）。この申請に応じて，株券発行会社は，株券喪失登録簿に当該株券が喪失した旨を登録し，株券喪失登録者が株式の名義人でないときは，株式名義人に登録がなされたことを通知する（224条1項）。

　これに対し，株券喪失登録された株式を有する者は，株券喪失登録の抹消を申請することができ（225条1項），株券喪失登録者に対して株券喪失登録の抹消申請がなされたことを通知した日から2週間後に，株券喪失登録は抹消される（同条3項・4項）。

　そして，株券喪失登録の抹消等がなされなければ，喪失登録の日の翌日から1年後に株券は無効となり，株券発行会社は，株券喪失登録者に対して株券を再発行しなければならない（228条）。

9. 株式譲渡

【株式譲渡の全体像】
　（1）原則……株式譲渡自由の原則
　（2）法律による制限
　　　①権利株の譲渡……会社には対抗できない
　　　②株券発行前の譲渡……会社との関係では効力を生じない（相対的無効）
　　　③子会社による親会社株式の取得制限
　　　④自己株式の取得
　（3）定款による制限（譲渡制限株式）
　　　・株主総会決議（取締役会設置会社→取締役会）
　　　・不承認 → 買取請求・買受人の指定

(1) 株式譲渡自由の原則

　株主は，保有する株式を原則として自由に譲渡できる（**株式譲渡自由の原則**，127条）。株式会社の株主は原則として持分の払戻しを受けることが認められないので，株式譲渡は投下資本の回収手段として重要な権利となる。

　株券不発行原則を採用する会社法下では，当事者間の契約（売買，贈与等）により株式譲渡の効力が生じることになる。ただし，**株券発行会社**においては，自己株式処分の場合を除き，株券を交付しなければ株式譲渡の効力は生じない（128条1項）。

(2) 法律による株式譲渡の制限

① 権利株の譲渡制限

　会社成立前または募集株式発行前における株式引受人の地位（権利株）の譲渡は，**当事者間では有効だが，株式会社に対抗することができない**（35条，50条2項，63条2項，208条4項）。会社側から譲受人を権利者と認めることは可能である。株主名簿の整備，株券発行事務の渋滞を防止するためである。

② 株券発行前の譲渡制限

　株券発行会社においては，株券発行前の株式譲渡は，**当事者間では有効だが，株券発行会社との関係では効力を生じない**（128条2項）。なお，この場合，会社との関係では無効であるから，会社の側からその者を株主と認めることはできない。株券発行事務の円滑化を図り，その渋滞を防止するためである。もっとも，株券発行を不当に遅滞するなど株式会社に帰責事由がある場合，株主は，株券発行前であっても，意思表示のみにより株式会社に対して株式譲渡の有効性を主張できる（最大判昭47.11.8）。

③ 子会社による親会社株式の取得制限

　子会社（総株主の議決権の過半数の株式を親会社に所有されている株式会社。2条3号）による親会社の株式取得を認めると，親会社（2条4号）に対して子会社が出資金を払い戻したことになり，子会社の資本空洞化を招く。また，親会社が子会社に親会社株式を取得させることにより，親会社の経営者の

支配的地位を固定化する弊害が生ずるおそれもある。そこで，会社法は子会社による親会社株式の取得を原則的に禁止している（135 条 1 項）。

（3）定款による株式譲渡の制限

① 総　説

　株式会社は，定款をもって，発行する株式の全部または一部の内容として，譲渡による当該株式の取得につき株主総会（取締役会設置会社においては**取締役会**）の承認を受けることを要する旨の定めをおくことができる（107 条 1 項 1 号，108 条 1 項 4 号）。この内容の株式を**譲渡制限株式**といい（2 条 17 号），譲渡制限株式を発行する株式会社を**譲渡制限会社**という。小規模経営をしている株式会社においては，株主の個性が問題となる場合があり，**人的信頼関係のある者に株主を限定したいとの要請がある。そこで，譲渡制限株式は，株式会社にとって好ましくない者が株主となり，議決権を行使されることを防止する手段として用いられる。

② 制限の態様

　前述のとおり，株式譲渡による投下資本回収は，持分払戻しが認められていない株主にとって非常に重要である。よって，株主総会（取締役会設置会社においては取締役会）の承認を要するとの制限よりも強度の譲渡制限を定款で定めることは許されない。

　なお，定款で定めることにより，代表取締役等に委ねることも可能である（139 条 1 項但書き，140 条 5 項但書き）。また，株主以外の場合のみ承認を要するとすることも可能である（107 条 2 項ロ）。

③ 承認手続等

　譲渡制限株式を有する株主または譲渡制限株式を**取得した**者は，株式会社に対し，当該株式の譲渡を承認するか否かを決定するよう請求できる（136 条，137 条 1 項）。また，譲渡不承認の場合には当該株式会社または指定買受人に株式を買い取って欲しいときには，その旨も一緒に請求しておく必要がある（138 条 1 号・2 号）。

　株主が不承認の際の買取請求をしていた場合に，株主総会（取締役会設置会

社においては取締役会）が譲渡不承認を決定したときは，株式会社は，自ら株式を買い取るか（140条1項。なお，株主総会決議は特別決議による。同条2項，309条2項1号），株主総会（取締役会設置会社においては取締役会）の決議により指定買受人を指定しなければならない（140条4項。株主総会決議は特別決議による。同条5項，309条2項1号）。株式譲渡による投下資本回収をできる限り認めようとする趣旨である。

(4) 名義書換

　株式譲渡を株式会社や第三者に対抗するには，当該株式の取得者の氏名，住所を**株主名簿**（121条以下）に記載・記録すること（名義書換）が必要である（130条1項）。株式取得者は，原則として取得株式の株主として株主名簿に記載・記録された者（またはその相続人等）と共同で名義書換を請求しなければならない（133条2項）。

　前述のように，株式譲渡は，名義書換をしなければ，**株式会社その他の第三者に対抗することができない**（130条1項）。しかし，**株券発行会社**においては，株券の占有により第三者への対抗要件が備わるため，名義書換は**株式会社への対抗要件**となる（130条2項）。さらに，株券占有者は**適法な権利者と推定**されるので（131条1項），株券占有者は株券の呈示のみで名義書換を請求でき，株式会社が名義書換を拒否するには株券占有者の無権利を立証する必要がある。

　なお，名義書換に関しては，改正前商法下で，1）株式会社から株式譲渡を認めて譲受人を株主として扱うことができるか，2）株式会社が名義書換を怠っている場合に譲受人は自己が株主であることを主張できるか，が問題となっていた。

[判例]　　　　　　　　　　　　　　　　　　　　　　　　　　（最判昭30.10.20）
　株式譲渡につき名義書換がなされる前には，その譲渡をもって会社に対抗しえないというに止まり，会社側からその譲渡を認めて譲受人を株主として取り扱うことができる。

> [判例]　　　　　　　　　　　　　　　　　　　　　　　　　（最判昭 41.7.28）
> 　株式譲受人から名義書換の請求があったにもかかわらず，会社の過失によりその
> 書換えをしなかったときは，会社は株式譲受人を株主として取り扱い，株主名簿に
> 記載されている譲渡人を株主として取り扱ってはならない。

　株券発行会社においては，上記の判例が妥当するだろう。しかし，会社法で**は株券不発行が原則**となったことから，株券不発行会社においては名義書換が株式会社だけでなく**第三者への対抗要件**ともなっている。よって，名義書換がないのに株式会社が譲受人を株主と扱うことは，第三者の権利を害する可能性があるので，消極的に解するべきであろう。

10. 自己株式の取得

> 【自己株式の取得の全体像】
> 　　　（1）取得方法
> 　　　　　①株主との合意による取得
> 　　　　　②証券市場または公開買付けによる取得
> 　　　（2）規制
> 　　　　　①目的規制……155条1項に列挙されている
> 　　　　　②手続規制……株主総会の普通決議
> 　　　　　③財源規制……分配可能額を超えない（例外あり）
> 　　　　　④数量……保有期間の制限はない（金庫株）

（1）一律禁止から解禁へ

　自己株式の取得とは，株式会社が自己の発行した株式を取得することである。平成13年6月の商法改正まで，自己株式の取得は原則として一律禁止とされていた。自己株式取得の弊害として一般的には以下の4つが挙げられていた。

　1）株主に対する出資の払戻しと同等の効果を生じ，会社の財産的基礎を危うくし，特に会社債権者を害する（資本の空洞化）。

2) 不当な株価操作や内部者取引に利用されるおそれがあり，一般の投資家の利益を害する。

3) 現経営陣の支配権維持に利用されるおそれがある。

4) 会社が恣意的に一部の株主のみから株式を買い受けると，株主間に機会の不均等をもたらす（株主平等原則違反）。

しかし，企業再編（合併，会社分割など）の容易化，株式市場の活性化，会社経営の安定化などを図るという政策的要請から，株式の取得制限が平成13年6月の商法改正により大幅に緩和された。

具体的には，原則として目的に関係なく自己株式を取得できるようになり，**手続的規制と財源規制**によって取得制限をすることになった（改正前商法210条参照）。また，従来は取得した自己株式を遅滞なく処分するか失効させなければならなかったが，**数量・期間の制限なく自由に保有できる**ようになった（**金庫株の解禁**）。

(2) 自己株式取得制度

① 自己株式を取得できる場合

会社法は「株式会社は，次に掲げる場合に限り，当該株式会社の株式を取得することができる。」として，自己株式の取得目的を限定する形式をとっている。しかし，実際には自己株式取得が認められる範囲は非常に広い（155条1～13号）。

＜自己株式を取得できる場合（155条の一部抜粋）＞

1) 取得条項付株式の取得のための一定事由が生じた場合

2) 譲渡制限株式の承認をしない決定をした場合において，承認請求者が株式会社または指定買受人に対し当該株式の買取請求をした場合

3) 株主との合意による取得※

4) 取得請求権付株式の株主が，株式会社に対して当該株式の取得を請求した場合

5) 全部取得条項付種類株式を取得する総会決議があった場合

6) 株式会社が，譲渡制限株式の相続人等に対して当該株式の売渡を請求した場合

7) 単元未満株の株主による株式買取請求があった場合
8) 株式会社が他の会社の事業の全部を譲り受ける場合に，当該他の会社が有する当該株式会社の株式を取得する場合
9) 合併後消滅する会社から，当該株式会社の株式を承継する場合
10) 吸収分割をする会社から，当該株式会社の株式を承継する場合

※株主との合意による取得

　株式会社は，株主との合意により自己株式を有償で取得できる（155条3号，150条以下）。この場合，取得する株式数，株式の取得と引換えに交付する金銭等の内容およびその総額，取得できる期間（特定の株主からのみ自己株式を取得する場合は，自己株式取得通知を特定の株主にのみ行うこと。160条1項）につき，あらかじめ**株主総会の普通決議**を経ておく必要がある（156条1項，309条1項。なお，309条2項2号参照）。従前は定時株主総会の決議に限定されていたが（改正前商法210条1項），会社法ではそれに限定されない（**臨時株主総会決議**でもよい）。

---

② **取得時の制限**

　自己株式を取得する際には，その都度，以下の事項を定め（157条1項），株主に通知する（158条）。取締役会設置会社では，以下の事項の決定につき取締役会の決議が必要である（同条2項）。

1) 取得株式数
2) 株式1株の取得と引換えに交付する金銭等の内容・数・額またはこれらの算定方法
3) 株式の取得と引換えに交付する金銭等の総額
4) 株式の譲渡の申込期日

　なお，株式会社が，証券市場で行う取引または公開買付け（金融商品取引法27条の2第6項）の方法により自己株式を取得する場合には，普通決議を要求する規定（156条）のみ適用され，他の手続規定（157～160条）は適用されず（165条1項），金融商品取引法の規定に従う。

③ **自己株式の消却**

株式会社は，消却する自己株式数を定めて（取締役会設置会社は取締役会の決議を経て），取得した自己株式を消却できる（178条1項・2項）。自己株式の消却により発行済株式総数が減少し，1株当たりの配当額が増えるので，株価上昇の効果をもたらすといわれている。

④ **財源規制**

財源規制については，**原則として剰余金配当と同様の規制**が及ぶ。すなわち，自己株式取得により株主に対して交付する金銭等（当該株式会社の株式を除く）の総額は，自己株式取得の効力を生ずる日における**分配可能額を超えてはならない**（461条1項）。

しかし，重要決議（事業譲渡，株式交換，株式移転など）の際の反対株主および単元未満株主の買取請求に応じて株式を買い受ける場合などには，財源規制に服さない。株主の投下資本回収の利益を保護する必要性が高いからである。ただし，株式買受により債務超過等に陥った場合には，取締役等は会社に対して任務懈怠責任を負うことがある（423条）。

11. 株式の分割・併合

（1）意義

- **株式の分割**…既存の株式を細分化して多数の株式とすること。
- **株式の併合**…数個の株式を合わせて少数の株式とすること。

株式の分割は，株価が高騰している場合に1株当たり純資産額を減少させて株価を引き下げ，**株式の市場性を高める**ためなどに行われる。これに対して，株式の併合は，株価が下落している場合に発行済株式数を減少させて株価を引き上げるためなどに行われる。

（2）手続

株式の分割・併合は，**ともに株主総会決議**を経て行われる（180条2項，183条2項）。もっとも，株式の分割の場合は，既存株主の持株比率に影響が

ないため**株主総会の普通決議**（取締役会設置会社にあっては取締役会決議）によれば足りる（183条2項）。これに対して，株式の併合の場合は既存株主の持株比率に影響があるため，**株主総会の特別決議**が必要である（309条2項4号）。

　なお，平成26年改正で，株式の併合をする際には，効力発生日（株式併合の効力が生ずる日）などに加えて，効力発生日における発行可能株式総数（公開会社では効力発生日における発行済株式総数の4倍を超えてはならない，180条3項）を定めることが義務付けられることになった（同条1項4号）。

（3）既存株主の保護

①　株式の併合をやめることの請求

　株式の併合が法令・定款に違反する場合において，株主が不利益を受けるおそれがあるときは，会社に対し，当該株式の併合をやめることを請求できる（182条の3）。

②　反対株主の買取請求

　会社が株式の併合をすることで，株式の数に1株に満たない端数（端株）が生じる場合には，株式の併合に反対する株主は，自己の有する株式のうち1株に満たない端数となるものの全部を公正な価格で買い取ることを請求できる（182条の4第1項）。

ポイント整理

1 株主平等の原則に反する会社の行為は無効である（109条1項）。

2 株主の責任は間接有限責任である（104条）。

3 一切の議決権を認めないとする議決権制限株式の発行もできる（105条2項，108条1項3号）。

4 発行する株式の一部を譲渡制限株式とすることもできる（108条1項4号）。

5 単元未満株主には議決権がない（189条1項）。

6 会社法は株券不発行を原則としており，株券の発行は定款規定がある場合に限られる（214条）。

7 株主は株式を原則として自由に譲渡できる（株式譲渡自由の原則，127条）。

8 権利株の譲渡は当事者間では有効だが，会社に対して対抗することはできない（35条，50条2項，63条2項，208条4項）。

9 子会社による親会社株式の取得は原則として禁止される（135条1項）。定款により，株式譲渡の際に株主総会（取締役会設置会社では取締役会）の承認を受けるべきとの制限をすることができる（107条1項1号，108条1項1号）。

10 株式譲受人が，自己が株主であることを会社に対抗するには，株主名簿の名義書換をしなければならない（130条）。

Exercise

問題①　株式に関する次の記述のうち，妥当なのはどれか。　　　（国税平 22）

1 株主は，株式会社に対して財産を出資している立場にあるから，株主が請求したときは，株式会社は，いつでも請求に応じて出資を払い戻さなければならない。

2 株主は，原則として株式を自由に譲渡することができるが，株式会社は，その発行する全部の株式又は一部の種類の株式の内容として譲渡による当該株式の取得について当該株式会社の承認を要する旨を定款に定めることができる。

3 株式会社が株券発行会社として株券を発行している場合であっても，株主は，意思表示のみにより株式を有効に譲渡することができるが，第三者への対抗要件として株券の交付が必要となる。

4 株主総会での議決権は株主にとって重要な権利の一つであるから，株式会社が，株主総会の全部の事項について議決植を行使できない株式を発行することは認められない。

5 株式会社は，株主をその有する株式の内容・数に応じて平等に取り扱わなければならないから，他の株式より配当を優先的に受けることのできる株式を発行することは認められない。

....

解説

1 誤。株主は株式会社の社員であり，株式を有する者が株主である。株式は出資によって取得できる。株主は株式会社に対して有限責任しか負わないため（104 条），会社財産を確保する必要から，出資の払戻しは認められない。よって，「いつでも請求に応じて出資を払い戻さなければならない」とする点が妥当でない。

2 妥当である。会社法は，投下資本回収の必要性から，株式譲渡自由の原則を採用する（127 条）。しかし，株主の個性を重視したい場合には譲渡制限を設ける必要があり，株式の内容として株式の譲渡に株式会社の承認を必要とすること（譲渡制限株式）を定款で定めることを認めている（2 条 17 号，107 条 1 項 1 号，108 条 1 項 4 号）。

3 誤。株券発行会社における株式譲渡が効力を生じるためには，株券を交付しなければならない（128 条 1 項本文）。すなわち，株券の交付は，株券発行会社における株式譲渡の効力要件なのである。したがって，「意思表示のみによ

り株式を有効に譲渡することができる」とする点が妥当でない。なお、株券不発行会社では、意思表示のみで株式を譲渡でき、名義書換えが株式会社や第三者への対抗要件となる（130条1項）。

4 誤。議決権行使のためには株主総会開催等においてコストが生じる。他方で、潜在的株主には経済的利益には関心があるが、経営に関心がない者も多い。そこで会社法は株主総会開催コストを減らし、かつ、資金調達の要請を満たすため、議決権制限株式（株主総会の全部又は一部の事項について議決権を行使することができない株式）の発行を認めている（108条1項3号）。

5 誤。会社法は、柔軟な資金調達を可能とするために、剰余金配当・残余財産分配について異なった内容の株式の発行を認める（108条1項1号、2号）。よって、後半が妥当でない。なお、株主平等原則は、同一種類の株主の間で平等に扱うことを要求しているに過ぎず、異なる内容の株式の発行を否定する趣旨ではない。

解答 **2**

問題②　株式に関するア～オの記述のうち妥当なもののみを全て挙げているのはどれか。　　　　　　　　　　　　　　　　　　　　（国税平26）

ア　自益権とは会社から経済的な利益を直接受けることを目的とする権利であり剰余金配当請求権と残余財産分配請求権は含まれるが株式買取請求権は含まれない。

イ　株主平等原則に反する定款の定めは原則として無効である。ただし非公開会社では剰余金の配当請求権等について株主ごとに異なる取扱いをする旨を定款で定めることができる。

ウ　会社が発行することのできる議決権制限株式とは株主総会における議決事項の全部の事について議決権を制限する株式であり一部の事項についてのみ議決権を制限する株式の発行は無効となる。

エ　株式の譲渡について取締役会の承認を要する旨が定款により定められている場合においその承認を得ないで株式が譲渡されたときであっても当該譲渡は譲渡当事者間においては有効であるとするのが判例である。

オ　単元株制度を採用している会社は単元未満株式を有する株主に対し定款の定めにより株式無償割当てを受ける権利を制限することはできるが単元未満株式の買取請求権を制限することはできない。

1	ア，イ
2	ア，オ
3	イ，エ
4	ウ，エ
5	ウ，オ

・・

解説

ア　誤。自益権の定義は正しい。また，剰余金配当請求権と残余財産分配請求権が自益権に含まれる点も正しい。しかし，株式買取請求権も自益権に含まれる。

イ　妥当である。株主平等原則に反する定款の定めは原則無効である（最判昭45.11.24 参照）。しかし，非公開会社（公開会社でない株式会社）は，①剰余金分配請求権，②残余財産分配請求権，③株主総会の議決権に関する事項について，株主ごとに異なる取扱いを行う旨を定款で定めることができる（会社法 109 条 2 項，105 条 1 項 1 号ないし 3 号）。この規定は会社法が認めた株主平等の原則に対する例外である。

ウ　誤。議決権制限株式は，全部の事項について議決権を制限する内容の株式だけでなく，一部の事項についてのみ議決権を制限する内容の株式であってもよい（会社法 115 条）。

エ　妥当である。判例は，定款をもって株式の譲渡につき取締役会の承認を要する旨定められている場合に，その承認を得ないで株式が譲渡されても，当該株式の譲渡は譲渡当事者間においては有効であるとしている（最判昭 48.6.15）。

オ　誤。単元株制度を採用する株式会社は，単元未満株式を有する株主に対し，定款の定めによって，単元未満株式の買取請求権を制限できないだけでなく，株式無償割当てを受ける権利も制限できない（会社法 189 条 2 項 4 号，3 号）。その他，残余財産分配請求権も制限できない権利として列挙されている（同条項 5 号）。

　以上より，妥当なものはイ，エであるから，正解は**3**となる。

解答　3

株主総会

本節では，株主がどのように会社の意思決定に参加するのかについて学習します。また，株主総会の決議の瑕疵には特別の制度が設けられている点に注意が必要です。取締役会との比較も重要です。

1. 意義・権限

(1) 意　義

　株主総会とは，取締役会設置会社 [8]) においては，会社の**基本的事項**について，会社の**意思を決定**する**必要的機関**である（295 条 2 項・3 項）。取締役会非設置会社 [9]) においては，会社に関する**一切の事項**を決議する**最高かつ万能の機関**である（295 条 1 項）。株主総会は常置の機関ではなく，定時または臨時に招集される（**非常置機関**）。

> [295 条]
> 　株主総会は，この法律に規定する事項及び株式会社の組織，運営，管理その他株式会社に関する一切の事項について決議をすることができる。
> 2　前項の規定にかかわらず，取締役会設置会社においては，株主総会は，この法律に規定する事項及び定款で定めた事項に限り，決議をすることができる。
> 3　この法律の規定により株主総会の決議を必要とする事項について，取締役，執行役，取締役会その他の株主総会以外の機関が決定することができることを内容とする定款の定めは，その効力を有しない。

(2) 権　限

①　取締役会設置会社

　株主総会は，会社の実質的所有者である株主によって構成される機関であるから，本来は，すべての事項を決定しうるはずであるが，取締役会によるタイ

8）取締役会を置く株式会社または会社法の規定により取締役会を置かなければならない株式会社。　　9）株式会社のうち，「取締役会設置会社」でないもの。

ムリーかつ適切な意思決定を確保するため，法令・定款に定める事項に限り決議することができるとされている（295条2項）。たとえば，取締役等の選任・解任に関する事項（329条1項，339条1項）や役員報酬の決定（361条）などである。

総会の法定事項は，株主の利益に重要な影響があるため総会の権限事項とされたものであるから，法定されている株主総会の権限は，定款をもってしても取締役，執行役，取締役会その他の機関に委譲することはできない（295条3項）。

② 取締役会非設置会社

法定の要項のほか，株式会社の組織，運営，管理その他**株式会社に関する一切の事項**について決議をすることができる（295条1項）。取締役会非設置会社は，会社法施行により廃止される**有限会社を事実上引き継ぐ**ものであり，有限会社の社員で構成される社員総会は決議事項に制限のない万能の機関とされていたので，会社法においてもこれを引き継ぐ形で同様の規定が置かれたと考えられる。

2. 招集手続

(1) 招集権者

① 原 則

取締役会設置会社においては，**取締役会の決議**により，**代表取締役**が招集する（296条3項，298条4項）。取締役会非設置会社においては，**取締役の過半数**により決定し，取締役が招集する（296条3項，348条2項）。

株主全員に**出席の機会と準備の余裕**を与えることと，どの集会が株主総会と認められるかの紛争を防ぐため，総会の招集は招集権限のある者が法定の手続によって行うことが必要とされる。

② 例 外

総株主の議決権の **100分の3以上**（定款で引下げ可能）を有する株主は，

取締役に対し，議題（会議の目的たる事項）および招集の理由を示して，株主総会の招集を請求することができる（297条）。請求後，遅滞なく株主総会の招集手続がなされない場合や，請求があった日から8週間（定款で短縮可能）以内の日を株主総会の日とする株主総会招集の通知が発せられない場合には，**裁判所の許可を得て自ら招集**することができる。その趣旨は，取締役会の恣意により株主総会が開かれないときに，株主の利益を保護することにある。

なお，公開会社[10]の場合には，上記議決権要件につき6カ月（定款で短縮可能）の継続保有要件が必要とされているが，非公開会社では不要である。

(2) 招集時期

①定時総会（296条1項）…決算期ごとに招集する。

②臨時総会（同条2項）…必要ある場合に臨時招集する。

(3) 招集通知

公開会社では，各株主に対し株主総会の日の**2週間前**までに通知を発しなければならない。株主に総会への**出席の機会と準備の時間**を与えるためである。

非公開会社でも，書面または電磁的方法による議決権行使を採用する場合には2週間前に発する必要があるが，そうでない限り1週間前（取締役会非設置会社では定款で短縮可能）でよい（299条1項）。非公開会社においては株主と会社との関係が緊密であることから，その期間を短縮したのである。

取締役会非設置会社であって，書面等による議決権行使を採用しない場合には，通知方法に制限はないが（口頭や電話等の方法によることもできる），それ以外の場合は**書面**で行わなければならない（299条2項，**取締役会設置会社**は書面通知が義務づけられる）。もっとも，**株主の承諾**を得たときには，書面通知が義務づけられていても，書面に代えて**電磁的方法**（Eメール）による通知が可能となる（299条3項）。

株主総会招集の場合に必ず決めなければならないのは，株主総会の日時および場所である（298条1項1号）。

10）その発行する全部または一部の株式の内容として譲渡による当該株式の取得について株式会社の承認を要する旨定めていない会社（2条5号）。

議題は必ずしも定める必要はないが（298条1項2号），取締役会設置会社では，招集段階で決定された以外の議題につき決議（調査役の選任等を除く）をすることはできない（309条5項。報告は可能）。

書面投票・電子投票（電磁的記録による議決権行使）を行う場合を除き，株主総会は，当該総会において議決権を行使することができるすべての株主の同意があるときは，招集の手続を経ずに開くことができる（300条）。

（4）株主提案権

株主総会活性化の手段として，株主が株主総会に実質的に参加することを保障し，株主の意思が会社経営に反映されるようにするために設けられた制度である（303〜305条）。

① 議題提案権

一定の事項（議決権を行使することができる事項に限る）を総会の会議の目的とすることを請求できる権利である（303条1項）。「一定の事項」の例としては，取締役選任の件，定款変更の件，などが考えられる。

取締役会設置会社にあっては，総株主の議決権の100分の1以上の議決権または300個以上の議決権（いずれも定款で引下げ可能）を有する株主に限り，かつ株主総会の日の**8週間前**（定款で短縮可能）までに請求しなければならない（303条2項）。公開会社の場合には，上記要件に加えて，請求時の6カ月前（定款で短縮可能）から株式を継続して保有していることが必要とされる。

取締役会非設置会社にあっては，株主は議決権を行使できる事項につき，**単独株主権**として議題を提案することができ（303条1項），取締役会設置会社のような**提案時期の制限もない**（株主総会の議事中に請求することも可能）。

② 議案提案権

1）株主総会における議案の提案（304条）

株主総会において，**株主総会の目的である事項**（議決権を行使することができる事項に限る）につき議案を提出することができる権利である（304条1項）。

議案提案権は**単独株主権**であるが，法令・定款に違反する議案，実質的

に同一の議案につき株主総会において総株主（当該議案につき議決権を行使できない株主を除く）の議決権の10分の1（定款で引下げ可能）の賛成を得られなかった日から3年を経過していない議案は，提案することはできない。

2）事前の提案（305条）

株主の提出する議案（たとえばAの取締役選任）の要領を招集通知に記載することを請求できる権利である（305条1項）。

この権利を行使するための要件は，議題提案権とほぼ同様であるが，取締役会設置会社であるか，あるいは公開会社であるかを問わず，株主総会の日の8週間前（定款で短縮可能）までに請求する必要がある（305条2項）。

③ **総会検査役の選任**

公正な総会運営を確保するために，株主に認められた制度である。また，後日の紛争への備えとして，会社にも認められる。

3. 株主の議決権

（1）1株1議決権の原則

① 原則

議決権とは，株主総会の**表決に加わる**権利をいう。原則として1株につき1個の議決権を有する。議決は株主の頭数ではなく株主の所有する株式数に応じてなされる（308条1項本文。**資本多数決の原則**）。なお，非公開会社にあっては，定款をもって議決権につき株主ごとに異なる取扱いを定めることができるので（109条2項，105条1項3号），頭数による議決権（**1人1議決権**）など，1株1議決権の例外を定めることが可能になる。

[308条]

株主（株式会社がその総株主の議決権の四分の一以上を有することその他の事由を通じて株式会社がその経営を実質的に支配することが可能な関係にあるものとして法

務省令で定める株主を除く。）は，株主総会において，その有する株式一株につき一個の議決権を有する。ただし，単元株式数を定款で定めている場合には，一単元の株式につき一個の議決権を有する。

2　前項の規定にかかわらず，株式会社は，自己株式については，議決権を有しない。

② **例外**

1）議決権制限株式（108条1項3号）

株式会社の資金調達の便宜と会社支配の多様化を認めるものである。

2）自己株式（308条2項）

会社支配の公正等を確保するため，会社は自己株式につき議決権を有しない。

3）相互保有株式（308条1項かっこ書）

たとえば，甲会社が，乙会社の総株主の議決権の4分の1以上の株式を有する場合や，その他にも法務省令で定める事由がある場合には，甲会社が乙会社の経営を実質的に支配することが可能な関係にあるといえるので，乙会社は，甲会社の株式を保有していても議決権を行使することができない。乙会社の大株主たる地位を利用して，甲会社が自己に有利な方向で議決権を行使するよう乙会社に働きかけるなど，**議決権の歪曲化**を招くことになるからである。

4）単元未満株（308条1項但書）

単元株制度は，平成13年の商法改正で導入された，株式の一定数をまとめたものを1単元とし，株主の議決権は1単元に1個とする制度である。これにより，株式会社は株主管理コストの節減と株式の流通性の調整を行うことができる。

5）譲渡等承認請求者の議決権行使の制限（140条3項）・自己株式を会社が特定の株主から取得する場合の当該株主の議決権制限（160条4項）

株主間の公平を確保するために議決権を停止するものである。

(2) 議決権の行使方法

① 代理行使

1) 意義

　株主総会に出席できない株主の意思を総会に反映させるため，株主は，**代理人によって議決権を行使できる**（代理行使，310条）。株主自身の出席を常に要求することは困難であり（必要性），また個性のない株主に出席を要求する必要性は薄い（許容性）からである。

2) 代理人資格の制限

> ［判例］　　　　　　　　　　　　　　　　　　　　　　　（最判昭 43.11.1）
> 　議決権を行使する代理人の資格を株主に限る旨の定款の規定は，株主総会の撹乱（かくらん）防止の点から合理的理由による相当程度の制限であって，有効である。

② 書面による行使・電磁的方法による行使

1) 強制採用

　当該株主総会において議決権を行使できる株主の数が 1,000 人以上の場合には，招集の決定において，株主の書面による議決権の行使（書面投票）が義務づけられている（298条2項，311条）。もっとも，電磁的方法による議決権行使（電子投票）の採用が強制されることはない（任意で採用することは可能）。

2) 任意採用

　書面投票制度が強制されない場合であっても，株主に書面をもって議決権を行使することを認めることができる（298条1項3号）。また，電子投票制度を採用することもでき（同4号，312条），両制度の併用も可能である。

③ 不統一行使

　2個以上の議決権を有している株主は，原則として議案につき一部をもって賛成し，残部をもって反対すること（**不統一行使**）ができる（313条1項）。たとえば，10株保有する者が5株を賛成，5株を反対に投ずることができる。

取締役会設置会社においては，株主総会の3日前までに，理由を付して不統一行使をする旨を通知しなければならないが（同条2項）通知方法は書面に限定されていない。また，取締役会非設置会社では予告は不要である。

　ただし，株式会社は，不統一行使をしようとする株主が他人のため株式を有する者でないときは，不統一行使を拒むことができる（同条3項）。

④　株式を共有している場合（共有株式）

　株式を共有しているときは，株式会社が権利行使に同意した場合を除き[11]，共有株式についての権利行使者を1人定め，その者を株式会社に通知しなければ，共有株式についての権利を行使できない（106条）。権利行使者の選定は，管理行為に該当し（民法252条本文），共有者の持分の過半数の決定により決することになる（最判平9.1.28）。

4．議事・決議

（1）株主総会の議事

①　議　事

　議事の方法については会社法に別段の定めはなく，定款または慣習による。

②　議　長

　議長（代表取締役）は総会の議事運営を主宰する者をいう。通常は定款で定めるが，定款で定めないときは総会で選任する（改正前商法237条の4第1項に基づく慣習として）。

　議長には，議事運営の職務権限として，総会の秩序維持権・議事整理権（315条1項），総会の秩序を乱す者に対する退場命令権（同条2項）が与えられており，強大な権限を有する。

③　取締役・監査役の説明義務

　議決権のある株主は**出席権と質問権**を有する。取締役・監査役は，議題や議

---

11) 改正前商法下において，権利行使者の選定及び株式会社への通知を欠くときは，株式会社が一部の共有者による議決権の行使を認めることはできない（共有者全員が議決権を共同して行使することのみ認めることができる）とした判例がある（最判平11.12.14）。

案についての一般的説明のほかに，株主の質問した特定事項（たとえば，退任取締役の退職慰労金）についての個別的説明をなす義務がある（314条）。正当な理由がないのに不十分な説明しか行わなかった場合は，総会決議の取消事由に該当する（退職慰労金に関するブリヂストン事件，東地判昭63.1.28）。

（2）株主総会の決議

> **[309条]**
> 　株主総会の決議は，定款に別段の定めがある場合を除き，議決権を行使することができる株主の議決権の過半数を有する株主が出席し，出席した当該株主の議決権の過半数をもって行う。

①　決議方法

　決議は，資本多数決によってなされるが，その要件は決議事項によって異なる。

　1）普通決議

　　特別の要件が法律・定款によって定められていない場合の決議である。

　［要　件］

　　定款に別段の定めがある場合を除き，議決権を行使しうる株主の**議決権の過半数を有する株主**が出席し（定足数），出席した当該株主の**議決権の過半数**をもって決する（309条1項）。

　　〈例〉　取締役や監査役の**選任，報酬**の決定など

　　なお，役員（取締役・監査役・会計参与）の選任・解任の決議をする場合は，議決権を行使できる株主の**議決権の過半数が出席**（定款で3分の1までに引下げ可能）する必要がある（341条）。また，定款をもって表決数を加重することも可能とされている。

　2）特別決議

　　特定の重要事項の決議である。

　［要　件］

　　当該株主総会において議決権を行使しうる株主の議決権の過半数（定款

で3分の1以上まで引下げ可能）を有する株主が出席し（定足数），その出席株主の**議決権の3分の2以上にあたる多数**をもって決する。この「3分の2」という表決数は，定款をもって引き上げることが可能である。また，定款をもって頭数その他の要件を追加することも可能である（309条2項）。

　なお，特別決議が必要な事項は309条2項各号に限定列挙されている。

〈例〉　**定款変更**，定時総会において欠損填補の範囲で行う以外の資本減少，組織変更・組織再編，事業譲渡，累積投票により選任された取締役の解任，監査役の解任[12]，非公開会社における募集株式・募集新株予約権の募集事項の決定など

※特別決議を要する事業の譲渡（改正前商法では営業譲渡）の意義

[判例]　　　　　　　　　　　　　　　　　　　　　　（最大判昭40.9.22）

　改正前商法245条1項にいう「営業の全体または重要なる一部の譲渡」（会社法467条1項1号2号の「事業の全部の譲渡」「事業の重要な一部の譲渡」に相当する）とは，改正前商法24条（現行商法16条）以下の営業譲渡と同義であって，譲受人が営業活動を承継し，そのため，譲渡人がその譲渡の限度に応じて競業避止義務を負う結果を伴う組織的有機的一体としての営業を意味し，単なる営業用財産の譲渡はこれにあたらない。

3）特殊決議

　　特別決議以上に厳重な決議で，2種類ある。

[要　件]

　　当該株主総会において議決権を行使しうる株主の**半数以上**（定款で引上げ可能）であって，当該株主の**議決権の3分の2以上の多数**（定款で引上げ可能）で決する（309条3項）。

〈例〉　株式譲渡制限を付する定款変更等

　　総株主の半数以上（定款で引上げ可能）であって，総株主の議決権の4分の3（定款で引上げ可能）以上で決する（309条4項）。

〈例〉　非公開会社において特定の株主を特別扱いする定款変更

12）監査等委員会設置会社（平成26年改正で新設）の監査等委員である取締役の解任は，当該取締役が累積投票によって選任されたか否かを問わず，特別決議を要する（309条2項7号）。

4）株主全員の同意

　〈例〉　発行する全部の株式の内容として会社の取得条項を新設し，変更（廃止を除く）する定款変更を行う場合（110条），役員等の責任免除（424条）

5）決議の省略

　　取締役または株主が株主総会の目的である事項について議案を提案した場合において，当該議案につき議決権を行使しうる株主の全員が書面または電磁的記録により同意の意思表示をしたときは，当該議案を可決する旨の株主総会の決議があったとみなす（319条）。この場合には，書面の10年間備置義務が会社に課せられる。

②　多数決の限界と修正

1）限界：決議無効…強行法規違反，株主平等原則違反

　　　　　決議取消し…利害関係人が参加した著しく不当な決議，多数決濫用

2）修正：多数決の原則を承認しつつ，少数派株主のためこれを修正する制度

　　ⅰ）　反対株主の株式買取請求

　　　　　　株式の併合によって端株が生じる場合（182条の4）

　　　　　　事業譲渡等の決議（469条）

　　　　　　株式譲渡制限の定款変更決議（116条）

　　　　　　吸収合併等・新設合併等の決議（797条，806条）

　　ⅱ）　取締役選任における累積投票（342条）

　　ⅲ）　役員の解任請求（854条）

　　ⅳ）　種類株主総会[13]（322条）

13）種類株主総会…種類株主（種類株式発行会社におけるある種類の株式を保有する株主）で構成される株主総会のことをいう。ある種類の株主に損害を及ぼす場合には，種類株主総会の特別決議が必要である（324条2項）。具体的には，当該種類株主総会において議決権を行使しうる株主の議決権の過半数（3分の1以上の割合を定款で定めた場合にあってはその割合以上）を有する株主が出席し，その議決権の3分の2以上の多数（これを上回る割合を定款で定めた場合にはその割合による）が必要である。会社法では，損害を及ぼすおそれのある類型を限定列挙している（322条1項各号）。

〈株主総会の議事・決議〉

	普通決議	特別決議	特殊の決議	
定足数	議決権を行使しうる株主の議決権の過半数(原則)	議決権を行使しうる株主の議決権の過半数(原則)	―	―
多数決	出席株主の議決権の過半数	出席株主の議決権の3分の2以上(原則)	総株主の半数以上であって,総株主の議決権の4分の3以上	議決権を行使しうる株主の半数以上であって,当該株主の議決権の3分の2以上(原則)
例	役員の選任・解任など	定款変更など	特定の株主を特別扱いする定款変更	株式譲渡制限を定めるための定款変更

※総株主の同意…役員等の責任免除

5. 株主総会決議の瑕疵

(1) 総　説

　株式総会の決議になんらかの瑕疵があった場合には,事後的にその決議の効力を覆す方法が存在する。一方で株主総会決議の有効・無効は,会社・株主・取締役等多数の者の利害に関係する。そこで,法は,**決議取消しの訴え**（831条）,**決議不存在・無効確認の訴え**（830条）の制度を規定して,**法律関係の画一的確定,瑕疵の主張の可及的制限の要請**を図っている。

(2) 決議取消しの訴え

① 取消し事由

1) 招集の手続きまたは決議の方法が法令・定款に違反し,または著しく不公正なとき（831条1項1号）

〈例〉　**著しくない招集通知もれ**,招集通知の記載の不備,取締役会の決議を経ない代表取締役の招集,定足数の不足,非株主の決議参加,出席困難な時刻・場所への招集,**取締役の説明義務違反**

2) 決議の内容が定款に違反するとき（同2号）

〈例〉 定款所定の員数を超える取締役の選任

3) **特別利害関係人**が議決権を行使したため著しく不当な決議がなされたとき（同3号）

取締役会の場合と異なり，特別利害人の決議への参加自体は認められている。

　〈例〉 事業譲渡の譲受人が株主として決議に加わったため，著しく不当な条件の事業譲渡案が可決されたとき

② **法的性質**

形成訴訟……**訴えが必要**である。

③ **決議取消の主張**

以下のように**提訴権者・提訴期間が限定**されている。

1) 提訴権者

　株主，取締役または**清算人**に限られる。なお監査役設置会社にあっては，株主，取締役，監査役または清算人が，委員会等設置会社にあっては，株主，取締役，執行役または清算人が提訴権者となる。また，当該決議の取消しにより取締役等となる者も提訴権者になる（831条1項）。

> [判例]　　　　　　　　　　　　　　　　　　　　　　　　（最判昭42.9.28）
> 　株主は，他の株主に対する招集手続の瑕疵を理由として，総会決議取消しの訴えを提起することができる。

2) 提訴期間

　総会決議の日から3カ月以内に提起することを要する[14]。

> [判例]　　　　　　　　　　　　　　　　　　　　　　　　（最判昭51.12.24）
> 　株主総会決議取消しの訴えにおいて，改正前商法248条1項（会社法831条1項）所定の期間経過後に新たな取消事由を追加主張することは，許されない。

---

14) 濫訴防止のため，原告である株主の悪意（会社荒らしなどの不当な目的）を会社が疎明した場合には，裁判所は担保の提供を求めることができる（836条）。

　株主総会決議無効確認の訴えの決議無効原因として主張された瑕疵が決議取消原因に該当し，右訴えが決議取消訴訟の出訴期間内に提起されている場合には，決議取消の主張が出訴期間経過後にされたとしても，右決議取消の訴えは，出訴期間の関係では決議無効確認の訴えの提起時に提起されたのと同様に扱うのが相当である。

④　判決の効力

1）対世的効力

　訴訟当事者間だけでなく，**第三者に対しても効力が及ぶ**（838条）。**法律関係を画一的に処理**する必要があるからである。

2）遡及効

　初めに遡って無効となる[15]（839条参照）。

⑤　裁判所の裁量棄却

　総会決議に取消原因があっても，裁判所は濫訴防止のため，その裁量で原告の請求を棄却することがある（831条2項）。

　［要　件］

　　1）**招集の手続**または決議の**方法**が法令・定款に違反
　　2）その違反する事実が重大でない
　　3）決議に影響を及ぼさないとき[16]

（3）決議不存在・無効確認の訴え

①　不存在事由

　決議がまったく存在しない場合，または決議の手続的瑕疵が著しく，そのため決議が法律上存在するとは認められない場合。

　〈例〉　著しい通知もれにより招集通知を受けた株主が僅少，代表権のない取締役が取締役会の決議を経ないで招集した場合（最判昭45.8.20）

15）原告敗訴の場合には，悪意・重過失ある原告は損害賠償責任を負う（846条）。　　16）それ以外の取消事由では裁量棄却をなしえない（決議の内容が法令・定款に違反する場合等）。

② **無効事由**

　株主平等原則（109条）に反する剰余金の配当を行った場合のように，決議の内容が法令に違反する場合である[17]（830条）。

③ **法的性質**

　確認訴訟……**訴えによらなくても不存在・無効を主張できる。**

④ **決議不存在・無効の主張**

　1）提訴権者

　　不存在・無効の確認を求める正当な理由がある者であれば**だれでも**よい。

　2）提訴期間

　　制限はない。**いつでも提訴できる**[18]。

⑤ **判決の効力**

　決議取消しの訴えの場合と同様である（**対世効，遡及効**）。

（4）判決の効果

　株主総会決議に取消し・不存在・無効の瑕疵があり，決議の効力が否定された場合に，それに基づいてなされた取締役会決議または代表取締役の業務執行の効力は，どのような影響を受けるのか。

1）元来総会の決議を有効要件としない行為の効力…影響がない

　〈例〉　定款で総会の決議事項とした売買・賃貸借

2）総会の決議をその有効要件とする行為の効力…遡及的無効となる

　〈例〉　定款変更，資本減少，取締役の選任

17）具体的な法律違反ではないが，会社法の基本原則に違反する場合（株主平等原則違反，株主有限責任の原則違反など）も無効となる。　　18）決議取消しの訴えと同様，濫訴防止のため，提訴株主の担保提供義務が認められる（836条）。

〈株主総会決議取消し・無効確認等〉

	決議取消しの訴え	決議不存在・無効確認の訴え
事　由	①招集手続または決議の方法が，法令・定款に違反し，または著しく不公正なとき ②決議の内容が定款に違反するとき ③特別利害関係人が議決権を行使したため著しく不当な決議がなされたとき	不存在： 　決議が事実上存在しない場合，または決議の手続的瑕疵が著しく，そのため決議が法律上存在するとは認められない場合 無　効： 　決議の内容が法令に違反する場合
法的性質	形成訴訟	確認訴訟
提訴権者	株主，取締役，監査役等のみ	だれでも可能
提訴期間	決議の日から3か月以内	な　し
判決の効力	対世的効力と遡及効	対世効
裁量棄却	あ　り	な　し
判決の効果	元来総会の決議を有効要件としない行為の効力：影響がない 総会の決議をその有効要件とする行為の効力：遡及的無効となる	

88

ポイント整理

1 株主総会は，取締役会設置会社の場合は，会社法の定めた会社の基本的事項に関する意思決定のみを行う（295条2項・3項）。

2 株主総会の招集は，取締役会設置会社では，取締役会が決定し，取締役が招集手続を行う（296条3項，298条4項）。

3 株主総会の活性化のため，一定の株主には提案権が認められている（303条1項）。

4 1株1議決権が原則だが，議決権制限株式なども認められている（308条1項）。

5 株主は，代理行使，書面・電磁的方法による行使，不統一行使の形で議決権を行使しうる。

6 株主総会の決議方法としては，普通決議，特別決議，特殊の決議，みなし決議（決議の省略）がある。

7 株主総会決議に瑕疵のある場合に備え，決議取消しの訴え，決議不存在・無効確認の訴えの制度がある（830条，831条）。

8 決議取消事由のうち，招集手続，決議の方法に法令・定款違反がある場合のみ，一定の要件の下で裁判所の裁量棄却が認められる（831条2項）。

Exercise

問題　株主総会に関するア～オの記述のうち，妥当なもののみを全て挙げているのはどれか。

（国総令元）

ア　全ての株式会社には，機関として株主総会が設けられる。株主総会は，会社の構成員である株主が，会社の基本的事項について意思決定する機関である。取締役会設置会社以外の会社の株主総会では，会社法に規定する事項のみならず，会社の組織，運営，管理その他会社に関する一切の事項について決議をすることができる。

イ　株主総会において，各株主は，原則として，その有する株式一株につき一個の議決権を有する。この一株一議決権の原則の例外として，定款上，一切の事項につき議決権がない株式・一定の事項についてのみ議決権を有する株式などの議決権制限株式や，一株につき複数の議決権を有する複数議決権株式を発行することができる。

ウ　決議取消しの訴えは，株主総会の決議の日から３ヶ月以内に提起しなければならず，また，原告が勝訴し，判決が確定すると，多数の法律関係を画一的に確定する要請があるため，判決の既判力は当事者以外の第三者に対しても及ぶ。

エ　決議取消しの訴えは，個々の株主の利益を守るために認められたものであるから，株主は，自己に対する株主総会招集手続に瑕疵がない場合には，他の株主に対する招集手続に瑕疵があることを理由として，決議取消しの訴えを提起することはできないとするのが判例である。

オ　株主は代理人によってその議決権を行使することができ，株主に議決権行使の機会を保障する必要があるから，定款により，議決権の代理行使を禁止することはできず，議決権行使の代理人資格を制限することも許されないとするのが判例である。

1　ア，ウ

2　ア，オ

3　イ，ウ

4　イ，エ

5　エ，オ

解説

ア 妥当である。すべての株式会社には，機関として株主総会が設置されるところ（295条），取締役会設置会社においては，株主総会は，会社法に規定する事項及び定款で定めた事項に限り，決議をすることができる（295条2項，所有と経営の分離）。これに対し，取締役会設置会社以外の会社の株主総会では，会社法に規定する事項及び株式会社の組織，運営，管理その他株式会社に関する一切の事項について決議をすることができる（同条1項，株主総会の万能機関性）。

イ 誤。「一株につき複数の議決権を有する複数議決権株式を発行することができる」という部分が妥当でない。株主は，株主総会において，その有する株式一株につき一個の議決権を有する（308条1項，一株一議決権の原則）。その例外として，定款上，一切の事項につき議決権がない株式・一定の事項についてのみ議決権を有する株式といった議決権制限株式（108条1項3号）は認められているが，一株につき複数の議決権を有する複数議決権株式といった種類株式の発行は認められていない。複数議決権株式の発行により，一株一議決権の原則が骨抜きになってしまうからである。

ウ 妥当である。株主は，株主総会の決議の日から3カ月以内に，訴え（訴えの提起）をもって当該決議の取消しを請求することができる（831条1項）。また，株主総会決議取消しの訴えをはじめとする会社の組織に関する訴えに係る請求を認容する確定判決は，第三者に対してもその効力を有する（838条）。多数の法律関係を画一的に確定する要請があるからである。

エ 誤。株主総会の招集手続の瑕疵が他の株主について存在するにすぎない場合でも，株主が株主総会決議取消しの訴えを提起できるかに関して，判例はこれを認め，他の株主に対する招集手続に瑕疵があることを理由として株主総会決議取消しの訴えの提起を認める（最判昭42.9.28）。その理由として，招集手続に瑕疵がある場合の株主総会決議取消しの訴えは，手続の瑕疵自体に対する非難ではなく，瑕疵のため公正な決議の成立が妨げられたかもしれないという意味での抗議を認める制度であると考えられるから，株主総会決議の公正について利害関係をもつ他の株主にも訴えの提起を認めるべきであることが挙げられる。

オ 誤。「議決権行使の代理人資格を制限することも許されない」という部分が妥当でない。株主総会に必ず株主自身の出席を求めることは無理であることから，株主は，代理人によってその議決権を行使することができる（310条1項本文）。

したがって，議決権の代理行使を禁止する定款規定は無効である。もっとも，同条は，代理人資格を制限すべき合理的理由がある場合に，定款によって相当程度の制限を課すことまで禁止する規定とはいえないとして，代理人資格を当該株式会社の株主に限定する旨の定款規定は有効であるとするのが判例である（最判昭 43.11.1）。代理人資格を当該株式会社の株主に限定する旨の定款規定は，総会屋等による株主総会の攪乱を防止して会社の利益を保護するという趣旨に基づくもので，合理的理由があるだけでなく，株主総会の構成員ではない者の代理資格を否定するだけで，相当程度の制限であるともいえるからである。

以上より，妥当な記述はアとウであり，正解は**1**である。

解答　**1**

9 取締役・取締役会・代表取締役

本節は頻出です。取締役の任期，報酬規制について確認することがポイントです。さらに，取締役会は株主総会と比較をしながら学習していくことがポイントです。

1. 総 説

(1) 会社法制定経緯

改正前商法下では，取締役は業務の意思決定機関および監督機関である取締役会の構成員にすぎず，取締役会において取締役の中から選任された代表取締役が業務執行を行うとされていた。また，平成14年改正法により，商法特例法上の大会社について委員会等設置会社を創設した。ここでは，業務執行機関として執行役，代表機関として代表執行役が置かれ，取締役はもっぱら業務監督機関としての役割を果たすとされた。

そして，会社法では，有限会社の形態が株式会社に引き継がれたので，取締役会非設置会社，取締役会設置会社，監査等委員会設置会社（平成26年改正で新設），指名委員会等設置会社（平成26年改正で委員会設置会社から名称変更）のそれぞれにおける取締役の地位は大きく違うこととなった。

(2) 意 義

① 取締役

取締役は，取締役会非設置会社では，会社の業務を執行し，一般的に会社を代表する法定の必要的機関である（348条，349条1項）。取締役は独任制の機関であり，複数の取締役が選任されても1人1人が別個の機関を構成する。これに対し，取締役会設置会社では，取締役会の構成員たる地位を有する者である（362条1項）。ここでの取締役は**業務執行権を有しないので**（348条1項かっこ書），取締役自体が機関であるとはいえない。

② 取締役会

　取締役会は，株主総会で選任された**取締役の全員**によって構成され，業務執行に関する**会社の意思を決定**し，また，**取締役の業務執行を監督**する機関のことをいう。取締役会は合議制の機関であり，3人以上の取締役が置かれる（331条4項）。**公開会社，監査役会設置会社，監査等委員会設置会社，指名委員会等設置会社**では，定款によっても取締役会を廃止できない（327条）。

③ 代表取締役

　代表取締役会は，取締役会設置会社では，**取締役会**において**取締役の中から選定**され（362条2項3号），会社の**業務執行**を行い（363条1項1号），かつ対外的には**会社を代表**する（349条1項）常時活動する機関（**常置機関**）であり，**必要的機関**でもある。これに対して，取締役会非設置会社では，定款，定款の定めに基づく取締役の互選，または株主総会の決議で選任する**任意の機関**である（349条3項）。なお，取締役会非設置会社では原則として取締役が代表権をもつ（349条1項）。

　会社法は，株式会社について，**株主総会**および**取締役**を必ず設置すべきものとした上で（295条，326条），他の機関は原則として定款により自由に設置できることとした（326条）。

2. 取締役の意義

(1) 資格

① 一　般

　株式会社の取締役は**自然人に限られ，法人が取締役になることはできない**（331条1項1号）。この他にも，成年被後見人，被保佐人，刑の執行中である者などの取締役の欠格事由が定められている（331条2号以下）。なお，会社法は「破産手続開始の決定を受け復権していない者」を取締役の欠格事由から除外した。これは，近時の経済事情から，再生の機会を与えるためである。

②　定款による資格制限

　改正前商法は，多くの株主が会社の経営を自ら行うことに関心を有していない公開会社を主として念頭に置いて，取締役には広く人材を求めることが会社の所有と経営を分離する株式会社の理念に沿うと考え，定款の定めによって取締役の資格を株主に限ることを禁じていた（改正前商法254条2項）。

　他方で，社員と経営者の結びつきが強い閉鎖的な有限会社では，このような制限は設けられていなかった。とりわけ株式に譲渡制限を付している非公開会社では，株主の変動はあまり起こらないので，むしろ固定的な株主が経営にあたる場合が多い。

　そこで，会社法は，株式会社と有限会社の一体化を行うにあたり，公開会社については定款で取締役の資格を株主に限ることはできないとしつつ，非公開会社については定款をもって取締役の資格を株主に限定することを認めた(331条2項)。

(2)　員数・任期

①　員　数

　取締役会を設置しないという有限会社に準じた機関設計をした取締役会非設置会社においては，最低1名の取締役を置けば足りる（326条1項）。

　これに対し，取締役会設置会社については，改正前商法と同様に**3名以上の取締役**を置く必要がある（326条，327条，331条4項）。なぜなら，3人が会議体を構成しうる（多数決を可能とする）最低数だからである。

②　任　期

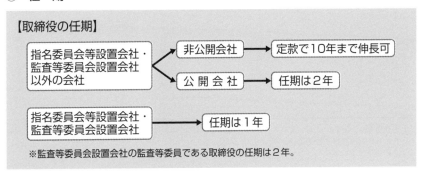

【取締役の任期】

指名委員会等設置会社・監査等委員会設置会社以外の会社
→ 非公開会社 → 定款で10年まで伸長可
→ 公開会社 → 任期は2年

指名委員会等設置会社・監査等委員会設置会社
→ 任期は1年

※監査等委員会設置会社の監査等委員である取締役の任期は2年。

取締役の任期について，**指名委員会等設置会社**または**監査等委員会設置会社** [19] の場合には，公開会社であるか非公開会社であるかを問わず，選任後**1年**以内（定款または株主総会決議で短縮可）に終了する事業年度のうち最終のものに関する定時株主総会の終結のときまでとなる（332条3項）。たとえば，事業年度を「1月1日〜12月31日」とする会社において，「2019年1月10日」に取締役に選任され，その事業年度に関する最終の定時株主総会が終了したのが「2020年3月1日」であった場合の指名委員会等設置会社または監査等委員会設置会社の取締役の任期は，「2019年1月10日〜2020年3月1日」となる。

　これに対し，指名委員会等設置会や監査等委員会設置会社以外の会社の場合には，選任後**2年**以内（定款または株主総会決議で短縮可）に終了する事業年度のうち最終のものに関する定時株主総会の終結のときまでとなる（同条1項）。

　また，指名委員会等設置会社や監査等委員会設置会社ではない**非公開会社**においては，選任後**10年**以内に終了する事業年度のうち最終のものに関する定時株主総会の終結のときまで任期を伸長することができる（同条2項）。

　なお，改正前商法においては，会社設立時に選任された取締役の任期は1年を超えてはならないとしていたが（改正前商法256条2項），会社法はこのような任期の区別をしていない。

　取締役の任期を制限するのは，長期にわたる地位の安定からの怠慢を防止することにある。もっとも，指名委員会等設置会社や監査等委員会設置会社ではない非公開会社については，その個人企業的側面から，経営の継続性を維持することが望ましいこともあるので，定款による任期の伸長を認めた。

---

19) 監査等委員会設置会社では，監査等委員である取締役の任期に限り，選任後2年以内に終了する事業年度のうち最終のものに関する定時株主総会の終結の時までとなる（332条3項・1項）。さらに，この任期を短縮することができない点に注意（同条4項）。

3. 選任・終任

(1) 選　任

　設立時取締役は，発起設立の場合は発起人の互選により（40条），募集設立の場合は創立総会で選任する（88条）。

　会社成立後の取締役は，株主総会で選任する（329条）。ただし，非公開会社について，定款をもって取締役等の選任につき内容の異なる株式を発行している場合には，種類株主総会で選任しうるとした（347条，108条1項9号）。

　取締役の選任は，株主総会の**普通決議**によるが（329条1項），定款で要件を緩和することができる。もっとも，定款の定めによっても定足数を総株主の議決権の3分の1未満とすることができない（341条）。会社の経営者を選任するのであるから，慎重を期す必要があるためである。

　なお，欠員に備えて，補欠取締役を選任することが会社法で可能となった（329条2項）。この点については後に述べる。

　2名以上の取締役を同じ総会で選任する場合，株式会社においては，定款に別段の定めがない限り，各株主は累積投票によるべきことを請求することができる（342条）。累積投票とは，各株主に1株につき**選任される取締役の数と同数の議決権**を与え，株主がその議決権を1人に集中して投票するかまたは数人に分割して投票するかは自由であり，投票の最多数を得た者を順に取締役として選出する方法をいう。少数派株主の意見を取締役・取締役会に反映させる点に狙いがあるが，ほとんどの会社では定款でこの制度を排除している。

(2)　終　任

①　終任事由

　株式会社の取締役は，**任期の満了**により終任となる。また，会社と取締役の間は**委任契約**であるから（330条），民法の規定にしたがって委任終了の原因があれば終任する。つまり，取締役は，いつでも自己の意思で辞任することができ（民法651条1項），後見開始の決定を受けたこと，取締役の死亡が，終任の原因となる（民法653条）。また，取締役は，欠格事由の発生により当然

に地位を失う（331条）。

② 解　任

取締役は，いつでも，かつ事由の何たるかを問わず，**株主総会の決議**で解任することができる（339条）。この場合の決議要件は**普通決議**で足りる（341条）。

従来は，取締役の解任には株主総会の特別決議が必要であるとされていた（改正前商法257条1項・2項）。しかし，会社法は取締役の選解任を通じた株主による取締役のコントロールを向上すべきであるという指摘等を受けて，**会社法では取締役の解任も原則として普通決議**でよいこととした。

もっとも，累積投票によって選出された取締役の解任は，改正前商法と同様に特別決議が必要とされている（309条2項7号）。これは，累積投票の趣旨が少数派株主にも持株数に比例した取締役のポストを獲得させ，取締役の構成比に反映させることにあるので普通決議で解任を認めることはかかる趣旨に反するからである。

また，監査等委員会設置会社の**監査等委員である取締役**の解任は，当該取締役が累積投票によって選任されたか否かを問わず，特別決議が必要とされている（309条2項7号）。監査役の解任が特別決議であることとの均衡を図るためと考えられる。

そして，正当事由なく任期満了前に解任された取締役は，会社に対して損害賠償請求ができる（339条2項）。

(3)　補欠取締役

会社法では，取締役が辞任するなどして，法や定款で定められた人数を欠くこととなる場合に備えて，補欠の取締役を株主総会であらかじめ選任しておくことができるようになった（329条2項）。

4. 報酬

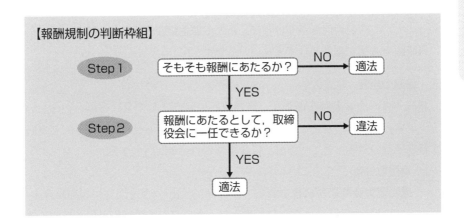

【報酬規制の判断枠組】

Step 1 そもそも報酬にあたるか？ → NO → 適法

YES

Step 2 報酬にあたるとして，取締役会に一任できるか？ → NO → 違法

YES

適法

（1）総　説

　会社法は，会社と取締役の間の関係は**委任**に関する規定に従うとしているので（330条），委任の規定に従えば，取締役は無報酬となるはずであるが（民法648条1項），株式会社の取締役は，報酬を受けることが原則化している。

（2）報酬額の決定

① 定款・総会決議による決定

　取締役が受けるべき報酬は，定款でその額を定めないときは，**株主総会の決議によって定めなければならない**（361条1項）。具体的には，確定金額の報酬を与える場合にはその額を，不確定金額の報酬を与える場合にはその具体的な算定方法を，金銭以外のものを報酬とする場合にはその具体的な内容を，それぞれ株主総会で定めなければならない（同条1項）。

　この規制の目的は，**高額の報酬が株主の利益を害する危険を排除**することにある。すなわち，報酬の決定は業務執行の一環であり，本来は取締役会に決定権限があるが，それを認めると自らの報酬を都合のいいように決定するという**お手盛りの弊害**が発生する危険性が高くなる点を考慮しているのである。

② 報酬の減額

　各取締役の報酬額が具体的に定められた場合，その報酬額は取締役・会社間の契約内容となるから，その後に当該取締役の職務内容につき著しい変更があっても，取締役の同意がなければ，たとえ**株主総会決議によっても，一方的に報酬額を減額することはできない**（最判平4.12.18）。

③ 報酬の範囲

　報酬とは，その名称を問わず，**職務執行の対価**として受ける給付のことをいう。取締役は，さまざまな名称で会社から金銭の給付を受けているが，それらが**職務執行の対価**として「報酬」に含まれるのかが問題となる。

　1）退職慰労金

　　退職慰労金は報酬に**含まれる**（最判昭58.2.22）。なぜなら，現取締役が，自分が退職するときに有利に作用するように高額の給付をなす危険があるし，また，**実質的には在職中の職務執行の対価**としての性質を有するからである。

　2）賞与

　　賞与は報酬に**含まれない**。なぜなら，賞与は，剰余金処分としての性質を有し，職務執行の対価ではないし，剰余金処分案の決議は株主総会（461条，454条）でなされるのでお手盛りの危険もないからである。

　3）使用人兼務取締役の使用人分の給与

　　使用人兼務取締役の使用人分の給与は，使用人として受ける給与の体系が確立されていれば報酬に**含まれない**（最判昭60.3.26）。なぜなら，使用人兼務取締役の使用人分の給与は，労働契約に基づく労働の対価だからである。もちろん，使用人兼務取締役が**取締役として受ける分**が報酬に**含まれる**のは当然である。

　4）報酬の決定・分配方法

　　通常の報酬については，無条件に取締役会に一任することは，お手盛り防止の趣旨に反するので無効であるが（331条1項参照），取締役全員の報酬の総額または各取締役の報酬の最高限度額が示されれば，各取締役に対する具体的分配額を取締役会決議に一任することは認められる（最判昭

60.3.26)。

　退職慰労金については，退職者は通常一人であることが多く，その受給額を公表する結果となることは不都合である。そこで，会社に一定の確立された内規・慣例が存在し，株主がその内規・慣例の存在・内容を容易に認識しうる状況で，その内容がお手盛り防止の趣旨に反しないものであれば，取締役会に一任できる（最判昭39.12.11）。

　使用人兼務取締役の使用人分の給与については，使用人分の給与が報酬にあたらなくても，使用人分の給与体系を確立し，かつ使用人分は別に支払う旨を明示しなくてはならない（最判昭60.3.26）。

5. 取締役会の意義・権限

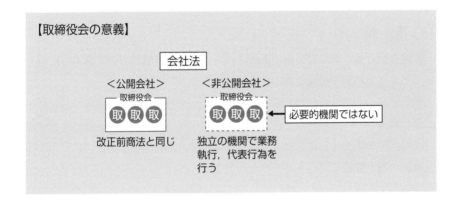

【取締役会の意義】

[362条]
取締役会は，すべての取締役で組織する。
2　取締役会は，次に掲げる職務を行う。
　一　取締役会設置会社の業務執行の決定
　二　取締役の職務の執行の監督
　三　代表取締役の選定及び解職
3　取締役会は，取締役の中から代表取締役を選定しなければならない。

4　取締役会は，次に掲げる事項その他の重要な業務執行の決定を取締役に委任することができない。
　一　重要な財産の処分及び譲受け
　二　多額の借財
　三　支配人その他の重要な使用人の選任及び解任
　四　支店その他の重要な組織の設置，変更及び廃止
　（五　省略）
　六　取締役の職務の執行が法令及び定款に適合することを確保するための体制その他株式会社の業務並びに当該株式会社及びその子会社からなる企業集団の業務の適正を確保するために必要なものとして法務省令で定める体制の整備
　（七　省略）
　5　大会社である取締役会設置会社においては，取締役会は，前項第六号に掲げる事項を決定しなければならない。

（1）意　義

　取締役会とは，**取締役全員で構成**され，会社の**業務執行の決定および監督**を任務とする**合議制の機関**である。

　株主総会から委ねられた権限は広範であり，また業務執行を適正ならしめる必要があるので，取締役会を会議体として，取締役相互の討論を通じて各取締役の経営的手腕が十分に発揮させるのと同時に，権限濫用を防止するために**相互牽制・相互監視**を図ろうとしたものである。

[判例]　　　　　　　　　　　　　　　　　　　　　　　（最判昭48.5.22）
　株式会社の取締役は，会社に対し，代表取締役が行なう業務執行につき，これを監視し，必要があれば，取締役会をみずから招集し，あるいは招集することを求め，取締役会を通じてその業務執行が適正に行なわれるようにする職責がある。

102

(2) 権限

①　業務執行の決定

　法令・定款により株主総会の決議事項とされているものを除き，会社の業務執行に関するすべての事項を決定する権限を有する。取締役会の権限とする明文の規定がある事項は，定款の定めによってもその決定権限を代表取締役等の下部機関に委ねることはできない（362条4項）。

　他方で，かかる事項以外については，取締役会の定める規則または個別の決議により，業務執行の決定を代表取締役等に委任することができる。

②　業務執行の監督

　取締役会の監督権限は，業務執行の**適法性の監査**のほか**妥当性**の監査にも及ぶ（362条2項2号）。

　また，取締役会は，会議の議題として上程されなかった事項についても監督する義務を負う。

③　特別取締役

　取締役の多い会社では，上位の取締役からなる常務会や経営委員会が存在し，実質的には取締役会の役割を果たしていた。これは，意思決定の機動性を確保するためには合理的な面があった。このような状況を考慮し，平成14年改正では上述の常務会や経営委員会を重要財産委員会として法制度化した。

　そして，会社法では特別取締役と名称を変え，取締役会の決議要件の特則という形にした。すなわち，**取締役の数が6人以上**で，そのうち1名以上が**社外取締役**である取締役会設置会社においては，あらかじめ選定した3人以上の特別取締役の決議により，重要財産の処分および譲受と多額の借財の決定を行うことができる（373条，362条4項1号・2号）。

6. 招集手続

〈取締役会の招集手続〉

	株主総会	取締役会
要　請	多数の株主が出席,数少ない機会 →出席の準備・機会の十分な保障、厳格な手続	少数の取締役が出席,迅速な業務執行の意思決定 →柔軟性・機動性
通知の時期	原則：公開会社では会日の2週間前まで 例外：非公開会社については1週間前まで 取締役会非設置会社では,定款でさらに短縮が可（299条）	原則：会日の1週間前まで 例外：さらに定款で短縮することができる(368条1項)
通知の方式	書面による議決権行使を認めた場合および取締役会設置会社 →書面による。かつ会議の目的を記載しなくてはならない それ以外（取締役会非設置会社） →口頭でも可。会議の目的の記載も必要なし	取締役会非設置会社の株主総会と同じ →口頭でも可

（1）招集権者

　取締役会は，原則として**各取締役**が招集権を有する。しかし，定款または取締役会会議により，特定の取締役を招集権者と定めることができる（366条1項）。

　取締役会の招集権者を定めた場合，他の取締役は，招集権者に対して会議の目的事項を記載した書面を提出し，取締役会の招集を請求することができる（同条2項）。そして，これに応じないときは，一定の要件の下で自ら招集できる（同条3項）。また，監査役にも一定の場合，招集が認められている（383条2項・3項）。

　さらに，会社法では取締役会設置会社（監査役設置会社・指名委員会等設置会社・監査等委員会設置会社は除く）の株主に対しても，取締役が会社の目的の範囲外の行為その他法令・定款違反の行為をし，またはそのおそれがある場合には，株主自らが取締役会を招集することを認めた（367条）。

（2）招集手続

　取締役会を招集するには，会日から**1週間前**に各取締役・監査役に対して招集通知を発しなければならない。この期間は，定款の定めにより短縮できる（368条1項）。

　招集通知は書面による必要はなく（口頭でもよい），会議の目的事項を特定する必要はない。なぜなら，取締役は，会議の議題に関係なく取締役会に出席する義務があり，会議には業務執行の必要上，その時に審議しなければならない議題が付議されることは当然だからである。

（3）議　事

　取締役会の議事は，法令上特に規定はない。しかし，各取締役が議題の判断をなすにあたって必要な説明・資料提供がないまま決議がなされた場合には，決議の瑕疵が生じうる。

　改正前商法の下では，取締役会における書面決議の可否について規定がなく，取締役会が書面決議を行うことは認められないとするのが一般的であった。しかし，取締役が短期間のうちに一堂に会するのが困難な場合もあるので，迅速な業務執行の決定が必要な場合に対応すべく，会社法は，定款の定めにより，取締役全員の同意および監査役が異議を述べないことを条件として，書面または電磁的記録による取締役会の決議を認めた（370条）。

7. 決議

〈取締役の決議権と株主の議決権の比較〉

	株主総会	取締役会
基本的性質	・多数の株主 ・出席は任意である ・議決権は共益権であり，自分の利益のために行使してもよい	・少数の受任者 ・出席は義務である ・議決権は会社の利益のために行使することが求められる
議決権の個数	株主は，1株につき1個の議決権を有する（308条1項） 単元株制度を採用しているときは，1単元につき1個の議決権を有する	取締役は1人1議決権を有する
代理行使	可（310条1項）	不可
書面投票	可（310条1項）	原則：不可 例外：定款で定めれば，書面による決議も可能（370条）
特別利害関係人の議決権	可：議決権を行使した結果，著しく不当な決議が成立した場合に限り決議取消事由となる（831条）	決議につき特別の利害関係を有する取締役は議決権を行使できない（369条2項）

① 決議要件

取締役会の決議は，議決に加わることのできる取締役の過半数が出席し，出席取締役の過半数の賛成により成立する。定款の定めによりその要件を加重することはできるが，緩和することはできない（369条1項）。決議につき利害関係を有する取締役は，決議の公正を期することが必要なことから，議決権を行使することはできない（同条2項）。たとえば，代表取締役解職決議における当該代表取締役である。

[369条]

取締役会の決議は，議決に加わることができる取締役の過半数（これを上回る割合を定款で定めた場合にあっては，その割合以上）が出席し，その過半数（これを上回る割合を定款で定めた場合にあっては，その割合以上）をもって行う。

2　前項の決議について特別の利害関係を有する取締役は，議決に加わることができない。

---

② **議決権（株主の議決権との比較）**

1）**1人1議決権**

　取締役は**1人につき1個の議決権**が与えられる。なぜなら，取締役は，その経営能力という**個性に着目**して選任されたものだからである。

　これに対して，株主は原則として1株につき1議決権を有する（308条1項，1株1議決権）。

2）**代理行使**

　各取締役は，**自らが出席して議決権を行使**しなくてはならず，代理人による議決権の行使は認められない。

　これに対して，株主は代理人によって議決権を行使することができる（310条1項）。

3）**特別利害関係人**の議決権排除（369条2項）

　特別利害関係がある取締役は，**決議に参加することができず**，決議に参加することができない取締役の数は定足数および出席取締役の数に参入されない。ここに「特別利害関係」とは，決議についての個人的利害関係であり，たとえば，取締役の会社のために忠実に職務を行うという忠実義務（655条）と矛盾するような利害関係などがある。

　これに対して，特別利害関係を有する株主は，株主総会における**議決権の行使自体は可能**であり，不当な決議がなされれば決議取消事由となるにとどまる（831条）。

③ **決議の瑕疵**

　取締役会の決議に瑕疵がある場合について，株主総会のような特別の規定（830条，831条）を置いていないので，民法の一般原則に従い，**当然に無効**と解される。したがって，誰でも，何時でも，いかなる方法でも，決議の無効を主張できる。

　もっとも，一部の取締役に対する招集通知を欠いた場合，その取締役が出席してもなお**決議の結果に影響がない**と認めるべき特段の事情がある時は，当該瑕疵により**決議は無効とならない**とするのが判例である（最判昭44.12.2）。

④ **議事録**

　取締役会の議事については，議事の経過の要領とその結果を記載し，かつ出席した取締役・監査役が署名した議事録を作成しなければならない（369条3項・4項）。そして，これを本店に10年間備え置かなければならない（371条）。議事録に異議をとどめない出席取締役は，決議に賛成したものと推定される（369条5項）。

8. 代表取締役の意義・権限

（1）意　義

　代表取締役とは，取締役の中から選定された者によって構成され，対外的に会社を代表するため常時活動する**独任制の機関**である。会社を代表するとは，その者が第三者との間になした行為の効果が会社に帰属するということである。

　代表取締役には，相当に広範な業務執行に関する意思決定権限が取締役会から委任されるのが通常である。

　なお，取締役会設置会社以外の会社では，取締役が当然に代表権をもち（349条1項），代表取締役は任意の機関である（同条3項）。

（2）権　限

① 業務執行権・代表権

　代表取締役は，会社の業務執行機関である。すなわち，株主総会または取締役会の決議事項を執行するほか，取締役会から委任を受けた事項について自ら決定し執行する。その業務執行が対外的行為ならば，会社代表行為となる。

　そして，代表取締役の代表権は，**会社の営業に関する一切の裁判上（訴訟行為）または裁判外の行為**に及ぶ包括的なものであり，会社の内部でこれに制限を加えても善意の第三者に対抗することができない（349条4項・5項）という不可制限的なものである。

② 法定の決議を欠く行為の効力

1) 株主総会の決議を欠いた場合

株主総会の決議を要する業務執行を，代表取締役が決議に基づかず行った場合，法令によって株主総会の決議事項とされたものは，会社にとって重要事項であり，法律上決議が必要であることは第三者にとっても明白といえる。

よって，株主総会決議に基づかない代表取締役の行為は，原則として**無効**と解すべきである。

もっとも，特に有利な価額での募集株式の発行等については，例外的に有効と解するべきである（最判昭46.7.16）。なぜなら，迅速円滑な資金調達は取引の安全を確保することによって可能となるのであり，また，株主の経済的利益が害されるという例外的な場合にも，それは取締役の責任等によって回復できるからである。

2) 取締役会の決議を欠いた場合

取締役会の決議を要する業務執行を，代表取締役が決議に基づかず行った場合，取締役会の議事は内部的意思決定手続にすぎないので，代表取締役の行為に影響を与えず，会社の代表行為として有効である。

ただし，民法93条但書（民法改正前）の類推適用により，法定の決議に基づかないことにつき相手方が悪意または有過失の場合には，代表取締役の行為は無効と解するべきである（最判昭40.9.22）。

③ 代表権の濫用

代表取締役が，客観的に代表権の範囲内で自己のまたは第三者の利益を図るために，会社の代表者として法律行為をした場合（代表取締役の権限濫用行為），客観的には権限内の行為であり，会社の代表行為として有効である。

ただし，②2）と同様に，民法93条但書（民法改正前）の趣旨を類推して，相手方が代表権の濫用につき悪意または有過失の場合は無効と解するべきである（最判昭38.9.5）。

9. 選定・終任

(1) 選 定

　取締役会設置会社では，代表取締役は，取締役会の決議により，取締役の中から選定される（362条3項・2項3号）。

　代表取締役の設置が任意とされている取締役会非設置会社では，定款，定款の定めに基づく取締役の互選または株主総会の決議で定めることができる（349条3項）。代表取締役の氏名および住所は登記事項である（911条3項14号）。

(2) 終 任

　代表取締役が取締役の地位を失うと，当然に代表取締役も終任となる。取締役会設置会社においては，取締役会決議により代表取締役を解職できる（362条2項3号）。

10. 表見代表取締役

(1) 意 義

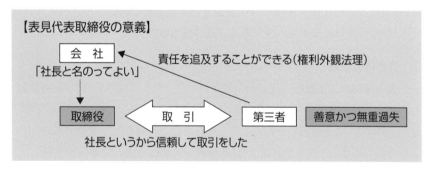

　社長，副社長，専務取締役，常務取締役など会社を代表する権限を有すると認めるべき名称を付したる取締役の行為については，その取締役が代表権を有しない場合でも，会社は善意の第三者に対して責任を負う（354条）。

> **［354 条］**
> 　株式会社は，代表取締役以外の取締役に社長，副社長その他株式会社を代表する権限を有するものと認められる名称を付した場合には，当該取締役がした行為について，善意の第三者に対してその責任を負う。

(2) 趣　旨

　社長，副社長などと呼ばれる者は代表取締役であることが一般的である。ただ，これらの名称はあくまで会社内部の職制にすぎないので，社長であっても代表取締役でないこともあり得る。しかし，代表権があると信じて取引したものを一切保護しないとすることはできない。

　そこで，そのような外観を作出した会社に外観どおりの責任を負わせたのが表見代表取締役制度である。**外観法理**または禁反言の原則に基づくものといえる。

(3) 要　件

①　外観の存在

　会社を代表する権限を有するものと認められる名称の存在が必要である。これは，取引通念によって判断されるが，専務取締役，頭取，副頭取，理事長などが入ることには異論がない。

②　外観への与因

　会社が代表権限を有すると認めるべき名称を付したか，その名称の使用を**許諾**したことが必要である。もっとも，会社が勝手に名称を使用している事実を知りながら何らの措置もとらない場合は，会社はその名称の使用を**黙認**したものとして責任を負う（最判昭 42.4.28）。

③　外観に対する信頼

　当該取締役が代表権限を有しないことについて相手方が善意かつ無重過失であることが必要である。これは，表見取締役制度が相手方の信頼を保護する制度であることから当然に要求される要件である。取引の迅速性の要請に応える

ためには，相手方の無過失を要求するのは不当であるが，重過失は悪意と同視すべきである。

(4) 適用範囲

　本条は，取締役であることを前提としているが，取締役ではない会社の使用人に代表権限を有すると認めるべき名称を付した場合にも，外観を信頼した第三者を保護する必要性は変わらないので，354条が類推適用される（最判昭35.10.14）。

ポイント整理

１ 取締役とは，取締役会非設置会社では会社の業務を執行し，一般的に会社を代表する法定の必要的機関である（348条，349条1項）。

２ 取締役会とは，株主総会で選任された取締役の全員によって構成され，業務執行に関する会社の意思を決定し，また，取締役の業務執行を監督する機関。

３ 代表取締役とは，取締役会において取締役の中から選任され業務執行を行い，かつ，対外的に会社を代表する機関のことをいう。代表取締役は，取締役会設置会社においては，常時活動する必要的機関である。これに対して，取締役会非設置会社では定款，定款の定めに基づく取締役の互選，または株主総会の決議で選任する任意的機関である（349条3項）。

４ 取締役の報酬規制の趣旨は，報酬の決定は業務執行の一環であり，本来は取締役会に決定権限があるが，それを認めると自らの報酬を自ら決定するというお手盛りの弊害を排除する点にある。

５ 代表取締役がその権限を濫用した場合，その行為は原則有効であるが，相手方が悪意または有過失の場合は，民法93条但書の類推適用により，例外的に無効となる。

６ 表見代表取締役の趣旨は，当該取締役に代表権があると信じた善意無重過失の相手方の保護を図ることにあるので，権利外観法理に基づいて会社が負う責任であるといえる。

Exercise

（国Ⅰ平 21）

問題①　取締役会に関するア～オの記述のうち，妥当なもののみをすべて挙げているのはどれか。ただし，本問の取締役会が設置されている会社は，監査役設置会社であるものとする。

- ア　各取締役は，原則として，取締役会を招集することができるが，取締役会を招集する取締役を定款で定めた場合，招集権者である取締役以外の者は，取締役会の招集を請求することができない。
- イ　取締役会は，取締役及び監査役の全員の同意があるときは，招集の手続を経ることなく開催することができる。
- ウ　株主は，その権利を行使するため必要があるときは，株式会社の営業時間内であれば，いつでも取締役会議事録の閲覧を請求することができる。
- エ　取締役会の招集通知は，書面でしなければならず，口頭によることは認められていない。
- オ　代表取締役は，3 か月に 1 回以上，自己の職務執行の状況を取締役会に報告しなければならない。

1　ア，イ
2　ア，ウ
3　イ，オ
4　ウ，エ
5　エ，オ

解説

ア　誤。取締役会は，各取締役が招集するのが原則であるが，取締役会を招集する取締役を定款又は取締役会で定めたときは，その取締役が招集する（366条 1 項）。しかし，招集権者を定めた場合でも，各取締役は招集権者に対して取締役会の招集を請求でき（366 条 2 項），一定期間内に招集通知が招集権者から発せられない場合は，招集を請求した取締役が自ら取締役会を招集できる（366 条 3 項）。

イ　妥当である。監査役設置会社における取締役会は，取締役及び監査役の全員の同意があるときに限り，招集の手続を経ることなく開催できる（368 条 2 項）。

ウ　誤。監査役設置会社の株主は，その権利を行使するため必要があるときは，「裁判所の許可を得て」取締役会議事録の閲覧又は謄写を請求できる（371 条

3項）。一方で，監査役設置会社・指名委員会等設置会社・監査等委員会設置会社のいずれでもない取締役会設置会社の株主は，裁判所の許可がなくても，取締役会議事録の閲覧又は謄写を請求できる（371条2項）。

エ　誤。取締役会の招集通知は，株主総会の招集通知（299条2項）とは異なり，書面ですべき旨の定めはない（366条参照）。よって，取締役会の招集通知を口頭ですることもできる。

オ　妥当である。代表取締役は「3ヶ月に1回以上，自己の職務の執行の状況を取締役会に報告しなければならない」ことになっている（363条1項1号，2項）。

　以上より，妥当なものはイ・オなので，正解は**3**となる。

解答　3

問題②　取締役・取締役会に関する次の記述のうち，妥当なのはどれか。
（国税平30）

1　取締役は，自然人のみならず法人もなることができる。また，取締役は，親会社の監査役を兼任することはできない。

2　取締役の員数については，取締役会設置会社においては5人以上，取締役会設置会社以外の会社においては2人以上でなければならない。

3　取締役の任期は選任後4年以内に終了する事業年度のうち最終のものに関する定時株主総会の終結の時までであるが，公開会社においては，定款又は株主総会決議により任期を短縮又は伸長することができる。

4　取締役が辞任したことにより，法令又は定款所定の取締役の員数が欠けた場合には，その後任者が就任するまでの間，当該取締役はなお取締役としての権利義務を有する。

5　取締役会では，取締役の報酬その他会社の運営に関する一切の事項の決定をすることができ，取締役会で決議することができる事項を定款で制限することは許されない。

解説

1　誤。取締役は自然人のみがなることができ，法人は取締役になることができないので（331条1項1号），前半が妥当でない。一方，監査役は株式会社又は

その子会社の取締役を兼任できない（335条2項）。つまり，子会社の取締役は，親会社の監査役を兼任できないことになるので，後半は妥当である。

2 誤。取締役の員数は，取締役会設置会社においては3人以上（331条5項），取締役会設置会社以外の会社（取締役会非設置会社）においては1人以上である。取締役会非設置会社に関しては，取締役の人数制限が規定されていない。

3 誤。取締役の任期は「選任後二年以内に終了する事業年度のうち最終のものに関する定時株主総会の終結の時まで」が原則である（332条1項本文）。「選任後四年以内…」は監査役である（336条1項）。なお，公開会社においては，定款又は株主総会の決議によって，取締役の任期を短縮又は伸長できる点は妥当である（332条1項ただし書）。

4 妥当である。取締役が欠けた（1人もいなくなった）場合や，法令又は定款で定めた役員の員数が欠けた場合，辞任又は任期満了により退任した取締役は，新たに選任された取締役が就任するまで，なお取締役としての権利義務を有する（346条1項）。この場合において権利義務を有する取締役のことを権利義務取締役と呼ぶことがある。

5 誤。取締役会設置会社の場合，株主総会が「この法律に規定する事項及び定款で定めた事項」を決議できるため（295条2項），取締役会が会社運営に関する一切の事項を決議できるわけではない。たとえば，取締役の報酬は株主総会の決議で決定すべき事項である（361条1項）。一方，会社法362条などが定める取締役会で決議できる事項（取締役会の権限）について，定款の定めによって株主総会も決議できるとすることは可能であるが（最決平29.2.21），定款の定めによっても取締役会の権限を奪うことはできないと解されているので，後半は妥当である。

解答 4

問題③ 株式会社の機関に関するア～オの記述のうち妥当なもののみを全て挙げているのはどれか。 （国税平26）

ア 取締役会設置会社においては株主総会の権限として法定されていない業務執行の決定の一部についても定款の定めにより株主総会の権限とすることができる。

イ 株主総会においては株主は代理人により議決権を行使することができるとこ

ろ会社が定款の定めによりその代理人の資格を当該会社の株主である者に限定することは許されないとするのが判例である。
ウ 定款所定の代表取締役の員数が欠けた場合任期満了により退任した代表取締役は後任者の就任までなお代表取締役としての権利義務を有するが辞任により退任した代表取締役にはかかる権利義務の存続は認められない。
エ 監査役の報酬について監査役が2人以上ある場合で定款又は株主総会の決議でその総額のみが定められており具体的配分についての定めがないときはその配分は取締役会の決定に委ねられる。
オ 株主代表訴訟において訴えが原告株主若しくは第三者の不正な利益を図り又は当該株式会社に損害を加えることを目的とする場合その訴えは却下される。

1 ア，ウ

2 ア，オ

3 イ，エ

4 イ，オ

5 ア，ウ，エ

解説

ア 妥当である。株主総会の権限は，取締役会設置会社では，原則として法律上定められた事項に限られる（295条2項，3項）。もっとも，取締役会設置会社でも，定款で定めれば，法定事項以外の事項を株主総会の権限とすることができる（295条2項）。

イ 誤。判例は，商法239条3項（現会社法310条1項前段）について，「同条項は，議決権を行使する代理人の資格を制限すべき合理的な理由がある場合に，定款の規定により，相当と認められる程度の制限を加えることまでも禁止したものとは解され」ないとし，一定の場合，代理人の資格を株主である者に限定することを認めている（最判昭43.11.1）。

ウ 誤。351条1項は，「代表取締役が欠けた場合又は定款で定めた代表取締役の員数が欠けた場合には，任期の満了又は辞任により退任した代表取締役は，新たに選定された代表取締役…が就任するまで，なお代表取締役としての権利義務を有する。」と規定している。したがって，辞任により退任した代表取締役に権利義務の存続は認められないとする点で，本肢は誤っている。

エ　誤。監査役が二人以上ある場合において，各監査役の受ける報酬について定款の定めまたは株主総会の決議がないときは，定められた総額の範囲内で監査役の協議により配分が定められる（387条2項）。したがって，配分が取締役会の決定に委ねられるとする点で，本肢は誤っている。

オ　妥当である。847条1項は，本文で株主に株主代表訴訟を認めた上，ただし書で「訴えが当該株主若しくは第三者の不正な利益を図り又は当該株式会社に損害を加えることを目的とする場合は，この限りでない。」と規定している。したがって，訴えに本肢のような目的が存する場合，訴えは却下されることになる。

　以上より，妥当なものはア，オであるから，正解は**2**となる。

解答　2

10 監査役・会計参与

監査役の選任，権限，報酬がポイントになります。また，会計参与
にも注意しましょう。

1. 監査役の意義

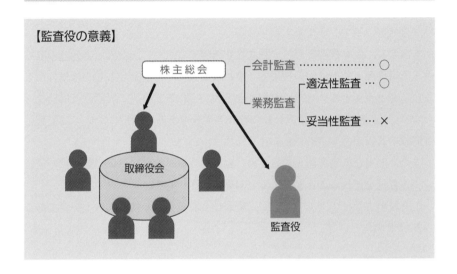

【監査役の意義】

株主総会 — 会計監査 ……………………… ○

適法性監査 … ○

業務監査

妥当性監査 … ×

取締役会

監査役

監査役とは，取締役（会計参与設置会社では取締役および会計参与）の職務
執行の監査にあたる株式会社の機関である[20]。

株主は株主総会において，取締役の選任・解任と決算の承認を通じて取締役
を監督するほか，少数株主権などによって個々に取締役を監督している。しか
し，このような**株主自身の監督では不十分**なので，株主総会で監査役を選任
し，常時取締役の職務執行を監査させることとしたのである。改正前商法と異
なり，あらゆる形態の株式会社に要求される機関ではない（**任意的機関**）。

20）指名委員会等設置会社・監査等委員会設置会社は，監査役を設置してはならない（327条4項）。平成26年改正で
新設された監査等委員会設置会社では監査等委員会が監査役の役目を果たす（399条の2〜）。

2. 選任・終任

(1) 選 任

　監査役は，取締役と同様に，株主総会の**普通決議**によって選任される（329条1項，341条）。なお，定足数を定款で変更する場合にも，総株主の議決権の3分の1未満であってはならないという制限がある（341条）。

　このほか，監査役の員数は1人でも数人でもよい点，欠格事由，監査役を株主に限ることができない点（非公開会社を除く）なども，取締役と同様である（335条1項・3項，331条1項・2項）。

　もっとも，監査機関としての**独立性を確保**するために，会社・子会社の取締役または支配人そのほかの使用人，または子会社の会計参与もしくは執行役を兼ねることができないという制限がある点（335条2項）で取締役とは異なる（ただし，監査等委員会設置会社の監査等委員である取締役については監査役と同様の制限がある。331条3項）[21]。

　また，不当な人選を防止するため，監査役は株主総会において監査役の選任につき意見を述べることができる（345条1項・4項）。

　監査役の人数は1人でもよいが，監査役会設置会社では3人以上必要である（335条3項）。

(2) 終 任

① 任期満了

　任期は，選任後**4年**以内（取締役とは異なり定款等で**短縮はできない**）に終了する事業年度のうち最終のものに関する定時株主総会の終結のときまでとなる（336条1項）。

　ただし，非公開会社においては，定款によって，その任期を最長10年（選任後10年以内に終了する事業年度のうち最終のものに関する定時株主総会の終結のとき）まで伸長することができる（336条2項）。

　また，補欠のため選任された監査役（補欠監査役）の任期については，定款

21）指名委員会等設置会社の取締役については「当該指名委員会等設置会社の支配人その他の使用人を兼ねることができない」との制約がある（331条4項）。

をもって退任者の任期満了の時までとすることができる（336条3項）。

②　解　任

　監査役の解任は，その地位の安定を図る必要から，**株主総会**の**特別決議**によることを要する（339条1項，309条2項7号，343条4項）。

　不当な解任に対して，監査役は，株主総会で意見を述べることができる（意見陳述権，345条1項・4項）。監査役の解任の適正を期し**独立性を確保**するためである。

3.　職務・権限

(1)　職　務

　監査役は，取締役（会計参与設置会社では取締役および会計参与）の職務を監査する（381条1項）。その監査は，会計の監査（会社の財産状態）にとどまらず，業務全般の監査にも及ぶ。

　もっとも，業務監査については，適法性監査のみならず妥当性監査までなしうるかは争いがある。取締役会の監督権限は業務執行の適法性だけでなく妥当性についても及ぶが，監査役の監査権限は**適法性監査のみ**と解する（通説）。業務執行を決定し，それにつき責任を負うのは取締役であるから，決定権限も責任もない監査役が業務執行の当不当を判断するのは，監査権限を逸脱すると考えるべきだからである。

(2)　権　限

①　報告要求・調査

　監査役は，取締役・会計参与・支配人その他の使用人に対し，いつでも事業報告を請求することができ，監査役設置会社の業務・財産につき調査できる（381条2項）。

　また，親子会社において子会社を利用した不正の隠蔽が多いので，監査役の**監査権限を子会社に**にも及ぼし，監査役は監査役設置会社の子会社に対して事業報告を請求し，場合によっては業務・財産の調査もできるとされている（同条

3項)。

②　取締役の違法行為の阻止

1) 監査役は，取締役会に出席し意見を述べる義務を負い（383条1項），取締役が不正の行為をし，もしくはそのおそれがあると認めるとき，または法令・定款に違反する事実もしくは著しく不当な事実があると認めるときには，取締役（取締役会設置会社においては取締役会）に報告することを要する（382条）。

　　また，必要があれば，取締役会の招集を請求し（383条2項），場合によっては自ら招集することもできる（同条3項）。

2) 監査役は，取締役が株主総会に提出する議案・書類等を調査し，違法または著しく不当な事項があれば，株主総会においてその調査の結果を報告しなければならない（384条）。株主総会が違法・不当な決議をするのを防止するためである。

3) 取締役が，監査役設置会社の目的の範囲外の行為や法令・定款に違反する行為をしている場合，またはこれらの行為をするおそれがある場合において，これによって監査役設置会社に**著しい損害を生ずるおそれ**があれば，監査役は取締役に対してその行為の差止めを請求することができる（385条1項）。

4) 監査役にも取締役と同様に，株主総会決議取消しの訴え（831条1項），募集株式発行無効の訴え（828条2項2号）など，各種の訴えや申立てをする権限が認められている。

③　会社と取締役間の訴訟

代表取締役の有する代表権は，包括的かつ不可制限的なものであるが，その例外として監査役設置会社と取締役間の訴訟についての代表権は，監査役が有するとされている（386条1項）。この場合に代表取締役に代表権を認めることは，一種の利益相反行為であり，訴訟の公正を期待しえないためである。

4. 報酬等

(1) 報　酬

監査役の報酬は，定款にその額を定めないかぎり，株主総会の決議によって決定され（387条1項），監査役が2人以上ある場合の配分額は，定款または株主総会で決定されないかぎり，**監査役の協議**による（同条2項）。

監査役の報酬額の決定は，本来，業務執行行為として取締役会の権限に属するはずであるが，監査役に適正な報酬を確保してその**独立性を保障**し，公正な監査ができるようにするため，昭和56年の商法改正により政策的に株主総会の権限としたのである。

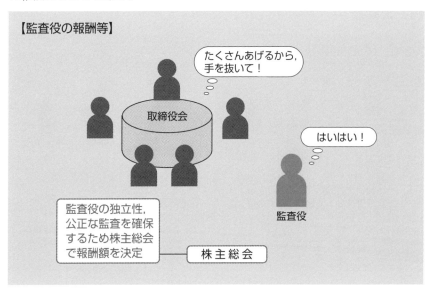

(2) 費　用

監査を行うためには，一定の費用が必要となる。監査役が監査費用の前払い（出張費用），支出した費用およびその利息の償還を請求したときには，監査役設置会社はその費用が職務執行につき不必要であることを証明しないかぎり，これを拒否できない（388条）。

委任の規定（330 条）によれば，必要な費用であることの立証責任は受任者にあるが（民法 649 条，同 650 条），昭和 56 年改正によりこの立証責任を転換することで，監査の充実を図ろうとしているのである。

5. 大会社と中小会社

会社法 2 条 6 号により，**資本金 5 億円以上または負債総額 200 億円以上の株式会社を大会社**とし，さらに従来の小会社と中会社の区別がなくなり，資本金 5 億円未満でかつ負債総額 200 億円未満の株式会社を中小会社としてまとめた。

（1）大会社

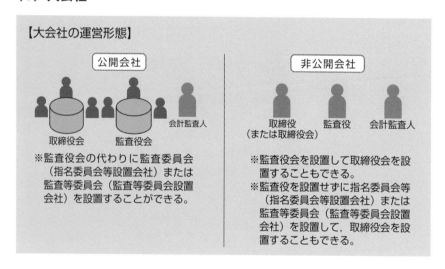

【大会社の運営形態】

公開会社

取締役会　監査役会　会計監査人

※監査役会の代わりに監査委員会（指名委員会等設置会社）または監査等委員会（監査等委員会設置会社）を設置することができる。

非公開会社

取締役（または取締役会）　監査役　会計監査人

※監査役会を設置して取締役会を設置することもできる。
※監査役を設置せずに指名委員会等（指名委員会等設置会社）または監査等委員会（監査等委員会設置会社）を設置して，取締役会を設置することもできる。

① 会計監査人

大会社では，会計監査人を選任し，計算書類およびその付属明細書について監査役の監査のほかに会計監査人の監査を受けなければならない（328 条，396 条 1 項）。

会計監査人は，株主総会で選任されるが（329 条 1 項），**公認会計士**または**監査法人**であることが要求される（337 条 1 項）。会計監査人として選任され

ると，会社との間で監査契約が締結される。

会計監査人は，終局的には決算監査を行うことを業務とするが，それに備えるためにいつでも会社の会計帳簿等を閲覧・謄写することができ，取締役および会計参与ならびに支配人その他の使用人に会計に関する報告を求めうるほか，職務執行のため必要があれば，会社の業務・財産の状況を調査しうる（396条2項・3項）。

会計監査人は，会計監査以外の業務監査にはあたらないが，その職務執行に際して，取締役の職務執行に関し不正の行為または法令・定款に違反する重大な事実があることを発見したときは，これを監査役に報告することを要する（397条1項）。

その職務を怠って会社に損害を生じさせたときは，損害賠償責任を負うだけでなく（423条1項），**代表訴訟の対象**となる（424～427条）。

②　監査役会

公開会社である大会社（監査役を設置できない委員会設置会社を除く）においては，監査役は**3人以上**であることを要し（335条3項），さらに監査役会を設置する必要がある（328条1項）。全ての監査役のうち**半数以上**は，その就任の前に会社または子会社の取締役，会計参与もしくは執行役または支配人その他の使用人でなかったものでなければならない（**社外監査役**，2条16号，328条1項，335条3項）。また，会社は監査役の互選で常勤の監査役を定めなければならない（390条3項）。監査の方針，監査役会設置会社の義務および財産の状況の調査の方法その他の監査役の職務執行に関する事項の決定については，個々の監査役の権限行使を妨げてはならない（同条2項）。

これに対し，非公開会社である大会社は，公開会社である大会社に比べて，株主の変動が少なくその数も少数と考えられることから，監査役会または三委員会の設置が義務付けられていない（328条1項）。すなわち，監査役が1人いればよいのである（328条2項，327条3項）。

(2) 中小会社

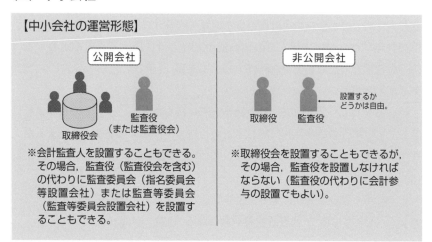

【中小会社の運営形態】

公開会社

取締役会

監査役
（または監査役会）

※会計監査人を設置することもできる。
その場合，監査役（監査役会を含む）
の代わりに監査委員会（指名委員会
等設置会社）または監査等委員会
（監査等委員会設置会社）を設置す
ることもできる。

非公開会社

取締役　監査役 → 設置するか
どうかは自由。

※取締役会を設置することもできるが，
その場合，監査役を設置しなければ
ならない（監査役の代わりに会計参
与の設置でもよい）。

① 公開会社の場合

　公開会社である中小会社は，取締役会を設置しなければならないので（327条1項1号），監査役も置かなければならない（同条2項）。しかし，公開会社である大会社に比べて会社の取引先や債権者が少ないことから，会計監査人・監査役会・指名委員会等・監査等委員会の設置は義務付けられていない（328条）。

　従来は小会社の監査役は，一般の監査役と異なり，その権限は会計監査に限られていた（改正前商法特例法22条）。しかし，会社法では，すべての株式会社におけるコーポレート・ガバナンス（企業統治）が向上されるべきとの考えから，会社の規模にかかわらず，監査役は原則として業務監査権限を有することになった（381条1項）。

② 非公開会社の場合

　これに対し，非公開会社である中小会社は，他の会社と比べて株主の変動も少なく数も少数にとどまり，取引先などの債権者の数も比較的少数であることから，取締役会の設置が義務付けられず，さらに，監査役も設置しなくてもよいことになっており，より簡素な運営形態を採用することも認められる（326

条参照)。

　これに対して，任意で取締役会を設置した場合には，株主総会の権限が縮小し（295条2項），取締役会が業務執行の権限を有することになるので（362条2項1号），原則として業務監査権限のある監査役・指名委員会等・監査等委員会のいずれかを設置しなければならないことになる（327条2項本文）。

　ただし，会社を円滑に施行するために，定款で監査役の権限を会計監査のみに限ることができる（389条1項）。このような定款を定めた場合には，監査役の代わりとして株主の権限を強化している。具体的には，監査役と同様の緩やかな要件で，取締役の違法行為の差止め請求ができる（360条1項）などである。

　さらに，非公開会社である中小会社は，取締役会を設置した場合でも，会計参与を設置すれば，監査役を設置しなくてもよいこととなっている（327条2項）。

6. 会計参与

(1) 意　義

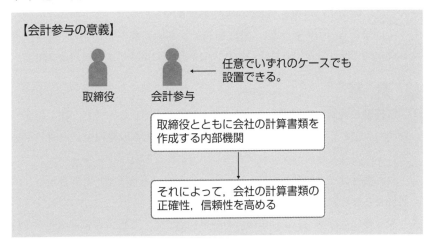

【会計参与の意義】

取締役　　会計参与　　←　任意でいずれのケースでも設置できる。

取締役とともに会社の計算書類を作成する内部機関

↓

それによって，会社の計算書類の正確性，信頼性を高める

　会社法の制定により，**会計参与**という**機関**が新設された。会計参与とは，**取**

締役（委員会設置会社では執行役）**とともに会社の計算書類を作成**する任務を負う株式会社の**内部機関**である（374条）。

　株式会社の規模にかかわらず，会計参与を設けるかどうかは各会社の任意に委ねられている（326条2項）。会計参与制度は，会社の計算書類が正しくなるように会計のプロとして会計参与を利用し，特に中小会社の計算書類の正確性，信頼性を高めようとしたのである。

(2) 資格・任期・報酬

　会計参与は，公認会計士・監査法人・税理士・税理士法人でなければならない（333条1項）。公認会計士・税理士が，株式会社またはその子会社の取締役・執行役・監査役または支配人その他の使用人である場合は，会計参与になることはできない（333条3項1号）。兼任禁止規定を設け，会計参与の独立性を確保しようとしている。

　会計参与は，**株主総会の決議**によって選任され（329条1項），任期は原則として2年である（334条1項，332条1項本文）。ただし，非公開会社では，定款によって，その任期を最長10年まで伸長することができる（334条1項，332条2項）。

　また，会計参与の報酬は，定款にその額を定めない限り，株主総会の決議によって決定され（379条1項），会計参与が2人以上ある場合の配分額は，定款または株主総会で決定されない限り，会計参与の協議による（同条2項）。

(3) 職　務

① **取締役と共同して作成**した計算書類（374条1項）について，株主総会で説明し（314条1項），また，計算書類の承認をする取締役会に出席し，必要に応じて意見を述べなければならない（376条1項）。

② 　会計参与は，会社とは別に，自己のところで（事務所等）計算書類を5年間保管しなければならない（378条1項）。

③ 　会計参与は，株主および債権者の請求に応じて，自己の保管する計算書類を株主および債権者に交付しなくてはならない（378条2項）。

(4) 権　限

　会計帳簿・資料の閲覧・謄写権（374条2項），取締役・支配人その他の使用人に対する会計報告請求権（同条同項），会社・子会社の業務および財産状況調査権限（同条3項）が認められている。

(5) 責　任

①　会社に対する責任

　1）会計参与が故意・過失によって任務を怠り，これにより会社に損害を与えた場合は，自己が無過失であることを立証しない限り，会社に対して取締役等と連帯して損害賠償責任を負う（423条1項）。会社に対する責任を免除するには，**総株主の同意**が必要である（424条）。

　　　ただし，会計参与が職務を行うにつき善意・無重過失であるときは，株主総会決議等によって責任を一部免除することができる（425〜427条）。

　2）会計参与の会社に対する責任は，**株主代表訴訟の対象**となる（847条）。

②　第三者に対する責任

　1）会計参与が職務を行うにつき悪意または重過失があったときは，第三者に生じた損害を賠償する責任を負う（429条1項）。

　2）計算書類・付属明細書・臨時計算書類・会計参与報告に記載すべき重要事項について虚偽の記載をしたときも，自己が無過失であることを立証しない限り，第三者に生じた損害を賠償する責任を負う（同条2項2号）。

1 監査役は，その員数が1人以上であればよく（ただし，監査役会設置会社の場合は3人以上），兼任禁止規定がある。

2 監査役の任期は原則4年であり，この期間は非公開会社において，定款によって，その任期を最長10年まで伸長することができる（336条2項）。

3 監査役は，会計監査だけでなく，業務監査も行う。もっとも，この業務監査は，適法性監査のみで，妥当性監査まではなしえない（通説）。

4 監査役の有する違法行為差止請求権は「著しい損害」の生ずるおそれがある場合に行使できる（385条1項）。

5 監査役の報酬の決定については，監査役の地位の独立性を確保して，公正な監査ができるようにするため，株主総会の権限とされている（387条1項）。

6 大会社と公開会社である中小会社は，必ず監査役を置かなければならないが，非公開会社である中小会社は取締役会を置かない限り，監査役を置かなくてもよい。

7 中小会社の監査役も業務監査権限を有するが，非公開会社である中小会社においては，監査役の権限を会計監査権限に限定することができる（389条）。その場合，株主の権限が強化される。

8 会計参与とは，取締役とともに会社の計算書類を作成する任務を負う株式会社の内部機関である（374条）。

9 会計参与は，計算書類の作成，計算書類の5年間の保管，株主および債権者への閲覧の対応といった職務を負っている。

11 指名委員会等設置会社・監査等委員会設置会社

指名委員会等設置会社は業務執行機関と監査機関を明確に分離した
会社形態です。これに対し，監査等委員会設置会社は「指名委員会
等設置会社から指名委員会・報酬委員会・執行役を取り除いたもの」
とイメージすると理解しやすいでしょう。

1. 意義等

(1) 意　義

【指名委員会等設置会社の意義】

　・会社の業務執行をする者への監督機能の強化

　　　取締役会＋指名委員会等

　　　　＝コーポレート・ガバナンス（企業統治）の強化

　・業務執行者への決定権限の委譲

　　　迅速・機動的な会社運営の実現

　指名委員会等設置会社とは，取締役会の中に**指名委員会**，**監査委員会**，**報酬委員会**の3つの委員会（指名委員会等）を置く株式会社である（2条12号）。そして，指名委員会等設置会社は1人または2人以上の**執行役**を置いて業務執行を委ねる形態を取っている（402条1項）。**監査役を置くことはできない**（327条4項）。**代表取締役という機関もない。**

　株式会社の原則型であった監査役設置会社の場合，業務執行に関する決定の多くは取締役会が担っているが，取締役会が意思決定機関としても監督機関としても形骸化し，迅速な意思決定が難しくなっているとの批判があった。こうした批判を受けて，**業務執行機関と監督機関を明確に分離する指名委員会等設置会社**が会社法でも採用されている。

(2) 特　色

　会社法では，会社の規模にかかわらず，任意に選択できる。

　取締役会と会計監査人を置く会社は，定款に定めることにより，指名委員会

等設置会社となることを選択することができる（326条2項）。

　ただし，指名委員会等設置会社を選択した場合には必ず，会計監査人を置く必要がある（327条5項）。

2. 各委員会・執行役

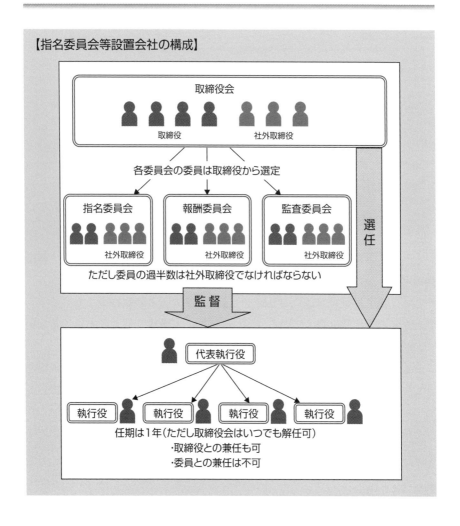

【指名委員会等設置会社の構成】

取締役会

取締役　　社外取締役

各委員会の委員は取締役から選定

指名委員会　　報酬委員会　　監査委員会

社外取締役　　社外取締役　　社外取締役

ただし委員の過半数は社外取締役でなければならない

監督

選任

代表執行役

執行役　　執行役　　執行役　　執行役

任期は1年（ただし取締役会はいつでも解任可）
・取締役との兼任も可
・委員との兼任は不可

（1）委員の選定・解職

　各委員会[22]とも，それぞれ**3人以上**の委員で組織される（400条1項）。各委員会の委員は，**取締役の中**から，**取締役会の決議**によって選定され，かつ委員の**過半数は社外取締役**でなければならない（同条3項）。

　これに加えて，監査委員会の委員は，指名委員会等設置会社の業務執行取締役・執行役，または指名委員会等設置会社の子会社の業務執行取締役・執行役・会計参与・支配人その他の使用人でないことを要する（同条4項）。

　各委員会の委員は，いつでも**取締役会の決議**によって解職することができる（401条1項）。

※社外取締役の設置・範囲

　指名委員会等設置会社・監査等委員会設置会社以外の会社では，社外取締役の設置義務がない。ただし，平成26年改正で，事業年度の末日に**大会社かつ公開会社である監査役設置会社**（株式について有価証券報告書提出義務を課されているものに限る）は，社外取締役を置いていない場合には，当該事業年度に関する定時株主総会で，**社外取締役を置くことが相当でない理由を説明することが義務付けられた**（327条の2）。

　また，平成26年改正で，社外取締役の範囲が改められ，①〜⑤の要件を全て満たす者が社外取締役になる資格を有することになった。

①当該会社またはその子会社の「業務執行取締役若しくは執行役又は支配人その他の使用人」（業務執行取締役等）でなく，かつ，その就任前10年間当該会社またはその子会社の業務執行取締役等であったことがないこと

②就任前10年内のいずれかの時において当該会社またはその子会社の取締役，会計参与または監査役であったことがある者（業務執行取締役等であったことがあるものを除く）にあっては，当該取締役，会計参与または監査役への就任前10年間当該会社またはその子会社の業務執行取締役等であったことがないこと

③当該会社の親会社等[23]（自然人に限る）または親会社等の取締役若しくは執行役若しくは支配人その他の使用人でないこと

22）会社法400条1項は「指名委員会，監査委員会又は報酬委員会の各委員会」のことを「各委員会」と定義している。
23）親会社等とは，①親会社，または②会社の経営を支配している者（法人を除く）として法務省令で定めるものを指す（2条4号の2）。一方で，子会社等とは，①子会社，または②会社以外の者がその経営を支配している法人として法務省令で定めるものを指す（同条3号の2）。

④当該会社の親会社等の子会社等[24]（当該会社及びその子会社を除く）の業務執行取締役等でないこと

⑤当該会社の取締役若しくは執行役若しくは支配人その他の重要な使用人または親会社等（自然人に限る）の配偶者または2親等内の親族でないこと

（2）執行役の選任・解任

執行役は，**取締役会の決議**によって選任される（402条2項）。会社と執行役とは委任の関係となる（同条3項）。

執行役の資格については，取締役と同様に，原則として執行役が株主でなければならない旨を定款で定めることができない（非公開会社の指名委員会等設置会社は除く。同条5項）。なお，執行役は，取締役の地位を**兼任**することも可能である（同条6項）。

執行役は，いつでも取締役会の決議によって解任することができる（403条）。解任された執行役は，解任について正当な理由がある場合を除き，解任によって生じた損害の賠償を請求することができる（同条2項）。

執行役の任期は，選任後1年以内に終了する事業年度のうち最終のものに関する定時株主総会の終結後最初に招集される取締役会の終結時までであるが，定款で任期を短縮することも可能である（402条7項）。

3. 各委員会・執行役・取締役の権限

（1）委員会の権限

① 指名委員会

株主総会に提出する**取締役の選任・解任**に関する議案の内容を決定する（404条1項）。

② 監査委員会

①執行役等の職務の執行の監査及び監査報告の作成，①株主総会に提出する会計監査人の選任・解任並びに会計監査人を再任しないことに関する議案の内

24）「当該会社の親会社等の子会社等」のことを兄弟会社と呼ぶことがある。

容の決定をすることができる（同条2項）。

③ 報酬委員会

執行役などの個人別の報酬等の内容を決定する。執行役が支配人その他の使用人を兼ねているときは，支配人その他の使用人としての報酬の内容についても，報酬委員会が決定する（同条3項）。

(2) 執行役の権限等

① 権限・義務

執行役は，取締役会の決議によって委任を受けた指名委員会等設置会社の業務執行の決定およびその執行を職務とする（418条）。また，指名委員会等設置会社に著しい損害を及ぼすおそれのある事実を発見したときは，直ちに当該事実を監査委員に報告しなければならない（419条1項）。

執行役に関しては，職務の権限の類似性から，取締役規定に関する多くの準用がなされている（402条4項，419条2項，423条）。

② 代表執行役

執行役が複数いる場合には，**取締役会**は，**執行役の中から**代表執行役を選定しなければならない（執行役が1人のときはその者が選定されたものとする。420条1項）。

代表執行役は，指名委員会等設置会社の業務に関する一切の裁判上または裁判外の行為をする権限を有する。ただし，代表取締役と同様に，その代表権に加えた制限は，善意の第三者に対抗することができない（420条3項，349条4項・5項）。また，表見代表執行役の規定も存在する（420条3項）。

(3) 取締役の権限

指名委員会等設置会社の取締役は，会社法などの別段の定めのある場合を除き，**業務を執行することができない**（415条）。もっとも，取締役と執行役の兼任は認められているから（402条6項），執行役の資格で業務を執行することは可能である。

4．監査等委員会設置会社

監査等委員会設置会社は平成 26 年改正で新設された会社形態である。指名委員会等設置会社（旧：委員会等設置会社）は 3 つの委員会を設置しなければならないため，企業への導入が進まなかった。そこで，平成 26 年改正により，指名委員会等設置会社のうち監査委員会の機能（監査等委員会）のみを導入する機関設計を認めたのが監査等委員会設置会社である。指名委員会，報酬委員会は存しない。監査等委員会設置会社には，監査役は置かれない。

（1）監査等委員

① 資格・選任

監査等委員は取締役であって（399 条の 2 第 2 項），監査等委員である取締役は，その**過半数が社外取締役**でなければならない（331 条 6 項）。また，監査等委員である取締役は，それ以外の取締役と区別して，株主総会の普通決議で選任される（329 条 1 項，341 条）。監査等委員の独立性を担保するためである。

② 任期・解任

監査等委員会設置会社では，監査等委員である取締役の任期は，選任後**2 年**以内に終了する事業年度のうち最終のものに関する定時株主総会の終結の時までとなり（332 条 3 項・1 項），この任期を短縮することはできない（同条 4 項）。これに対し，それ以外の取締役の任期は，指名委員会等設置会社の取締役と同様，選任後 1 年以内に終了する事業年度のうち最終のものに関する定時株主総会の終結の時までとなる（同条 3 項）。

また，**監査等委員である取締役の解任**は，株主総会の**特別決議**が必要となる（344 条の 2 第 3 項，309 条 2 項 7 号）それ以外の取締役の解任は普通決議（累積投票で選任された取締役は特別決議，309 条 2 項 7 号）で足りる（341 条）。

③ 報酬等

監査等委員である取締役の報酬等は，それ以外の取締役と区別して定めなければならない（361 条 2 項）。監査等委員である取締役の独立性の担保のため

である。監査等委員である各取締役の報酬等について定款の定めまたは株主総
会の決議がないときは，当該報酬等は，株主総会で定めた報酬等の総額の範囲
内で，監査等委員である取締役の協議によって定める（同条3項）。

④ 権限等

監査等委員の権限等については，原則として監査役設置会社の監査役の権限
と共通すると考えてよい。主な権限等は以下の通りである。

1) 監査等委員は，いつでも，取締役・会計参与・支配人その他の使用人に対
して職務の執行に関する事項の報告を求め，または監査等委員会設置会社の
業務及び財産の状況の調査ができる（399条の3）。

2) 監査等委員会の職務を執行するため必要があるときは，監査等委員会設置
会社の子会社に対して事業の報告を求め，または子会社の業務及び財産の状
況の調査ができる（同条2項）。子会社は正当な理由がない限り，これを拒
否できない（同条3項）。

3) 取締役が不正の行為をし，若しくは不正な行為をするおそれがあると認め
るとき，または法令・定款に違反する事実若しくは著しく不当な事実がある
と認めるときは，遅滞なく，その旨を取締役会に報告しなければならない
（399条の4）。

4) 監査等委員は，取締役が株主総会に提出しようとする議案，書類などにつ
いて法令若しくは定款に違反し，または著しく不当な事項があると認めると
きは，その旨を株主総会に報告しなければならない（399条の5）。

5) 取締役が監査等委員会設置会社の目的の範囲外の行為その他法令若しくは
定款に違反する行為をし，またはこれらの行為をするおそれがある場合にお
いて，当該行為により当該監査等委員会設置会社に著しい損害が生ずるおそ
れがあるときは，当該取締役に対し，当該行為をやめることを請求できる
（399条の6）

6) 監査等委員会設置会社と取締役（取締役であった者を含む）との間の訴訟
においては，監査等委員が訴訟当事者となる場合（この場合は，取締役会が
定める者が監査等委員会設置会社を代表する）を除き，監査等委員会が選定
する監査等委員が監査等委員会設置会社を代表する（399条の7）。

（2）監査等委員会の権限等

監査等委員会は各監査等委員が招集し（399条の8），その決議は，監査等委員の過半数が出席し，その過半数をもって行うが（399条の10第1項），特別利害関係人は議決権を行使できない（同条2項）。また，監査等委員会は主に①～③の権限を有する。②③の権限は指名委員会等設置会社の指名委員会・報酬委員会に準じた機能ということができる。

監査等委員会は，取締役の職務の執行の妥当性を監査する権限も有する。

※監査等委員会の権限等

①　取締役による業務執行の監査および監査報告の作成（399条の2第3項1号）

②　株主総会に提出する会計監査人の選任・解任及び会計監査人を再任しないことに関する議案の内容の決定（同条項2号）

③　監査等委員である取締役の選任・解任及び報酬に関して株主総会で述べる監査等委員会の意見の決定（同条項3号）

ポイント整理

1　指名委員会等設置会社・監査等委員会設置会社には監査役（監査役会）を置くことはできない。

2　指名委員会等設置会社の各委員会の委員は3名以上で組織され，取締役の中から選定されるが，過半数は社外取締役でなければならない。

3　執行役は取締役会で選任され，取締役会から委任を受けた業務を執行する。取締役会は執行役の中から代表執行役を選定しなければならない。

4　指名委員会等設置会社の取締役は，原則として業務執行ができない。

12 取締役・監査役の義務・責任

重要な改正がなされた分野です。取締役の義務として競業避止義務
と利益相反取引が頻出です。取締役の責任は会社と第三者に対する
責任に大別されますが，前者では原則として過失責任化されたこと，
後者については判例が重要です。

1. 取締役の義務

（1）善管注意義務・忠実義務

　取締役は会社から経営を委託されているので，会社と取締役との法律関係に
は委任の規定が適用される（330条）。このため，取締役は会社との関係では
受任者の立場にたち，職務執行について当然に善良な管理者の注意義務（**善管
注意義務**[25]）を負う（民法644条）。

　さらに，**取締役は会社の利益を犠牲にして自己の利益を図るおそれがあるの
で**，取締役に対して法令および定款，ならびに株主総会の決議を遵守し，株式
会社のため忠実に職務を遂行する義務（**忠実義務**）を負わせた（355条）。

［355条］
　取締役は，法令及び定款並びに株主総会の決議を遵守し，株式会社のため忠実に
その職務を行わなければならない。

　この忠実義務について，判例は，「本条の規定は，善管義務を敷衍し，かつ，
一層明確にしたにとどまり，通常の委任関係に伴う善管義務とは別個の，高度
な義務を規定したものではない」として**善管注意義務と同質的なもの**としてい
る（**八幡製鉄政治献金事件**，最大判昭45.6.24）。この結果，取締役は地位を利
用して私利を図ることは許されない。

　また，会社法は，これらの一般規定だけでは十分ではないとして，後述する
以下の規制規定を置いている。

25）善管注意義務とは，職業，社会的，経済的地位において一般に要求される程度の注意義務をいう。

(2) 競業避止義務

[ケース1]
　パソコンソフト会社であるX社の取締役Aは会社に無断で別会社を作り，会社の顧客名簿を使ってパソコンソフトを販売している。

① 内　容

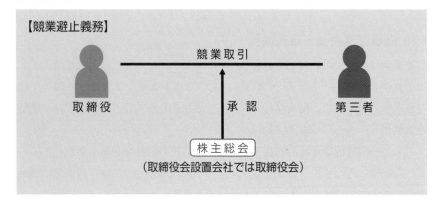

　取締役が自己または第三者のために会社の**事業の部類**に属する取引を行うには，**取締役会非設置会社**の場合には，**株主総会**で取引に関する重要な事実を開示して，**株主総会の承認**を得なければならない（356条）。

[356条]
　取締役は，次に掲げる場合には，株主総会において，当該取引につき重要な事実を開示し，その承認を受けなければならない。
一　取締役が自己又は第三者のために株式会社の事業の部類に属する取引をしようとするとき。

　これに対し，**取締役会設置会社**の場合には，株主総会ではなく**取締役会の承認**を得ればよいが（365条1項），取締役会非設置会社とは異なり，承認を得て行った取引後に，遅滞なく取締役会へ報告する義務も課せられている（同条2項）。

　上記設例にみられるように，職務執行に関与する取締役が自己または第三者のために会社の事業の部類に属する取引を自由にできるとすると，その地位を利用して会社の取引先を奪うなど，**会社の利益を犠牲にして自己の利益を図る危険**が大きいからである。

　ここに「会社の事業の部類に属する取引」とは，事業の基本となる取引のことをいう（設例ではパソコンソフト販売）。また，「開示すべき事実」とは，その取引の内容のうち会社の利益と対立するような重要な部分をいう（目的物，価格など）。

②　競業避止義務違反の効果

1）取引の効力

　義務違反の取引それ自体は，相手方の善意・悪意にかかわらず**有効**である。この取引は取締役と第三者との間でなされるものであって，相手方に不利益を与えることは妥当でないからである。

2）損害賠償請求

　取締役が会社に無断で競業取引をした場合には，会社は法令違反として，取締役に対し，その取引により被った損害の賠償を求めることができる（423条）。

　また，取締役または第三者が競業取引によって得た利益の額を，会社の受けた**損害額と推定**することで，会社の救済を容易にしている（同条2項）。

3）取締役の解任

　取締役の競業避止義務違反は，株主総会による取締役の解任の正当事由となる（339条1項）。

(3) 利益相反取引

――［ケース2］――――――――――――――――――――――

　パソコンソフト会社であるX社の取締役Aは，自己所有の土地を法外な価格でX社に売却した。

　また，AはX社を保証人として，第三者から金銭を借り入れた。

① 内　容

　上記設例にみられるように，取締役が自己または第三者のために会社と取引をする場合には，自ら当事者となるか否かを問わず，**株主総会（取締役会設置会社では取締役会）の承認を得なければならない**（356条1項2号，365条1項）[26]。

［356条］

　取締役は，次に掲げる場合には，株主総会において，当該取引につき重要な事実を開示し，その承認を受けなければならない。

二　取締役が自己又は第三者のために株式会社と取引をしようとするとき。

三　株式会社が取締役の債務を保証することその他取締役以外の者との間において株式会社と当該取締役との利益が相反する取引をしようとするとき。

　その取締役が会社を代表する場合はもちろん，他の取締役・執行役が会社を代表する場合についても，会社と取締役が容易に結託して**会社の利益を犠牲にして，会社にとって不利益な取引**をするおそれがあるためである。

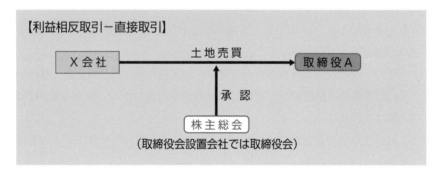

26）取締役と会社との利益相反取引が株主全員の合意によってされた場合は，当該取引につき取締役会の承認を要しないとした判例がある（最判昭49.9.26）。

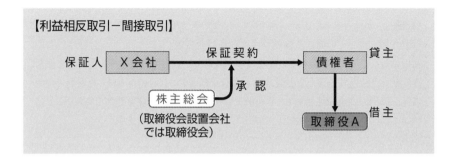

　また，会社と取締役間の取引（**直接取引**，356条1項2号）でなくても，会社が取締役の債務につき債権者に対して保証や債務引受けをする場合など，実質的に会社と取締役の利益が相反する場合（**間接取引**，同条同項3号）にも，やはり**株主総会（取締役会設置会社では取締役会）の承認**が必要である。

　そして，取締役会設置会社の場合，この取引を行った取締役は遅滞なく重要事項を取締役会に報告しなければならない（365条2項）。

> ［判例］　　　　　　　　　　　　　　　　　　　　　　（最大判昭46.10.13）
> 　約束手形の振出は，単に売買，消費貸借等の実質的取引の決済手段としてのみ行われるものではなく，簡易かつ有効な信用授受の手段としても行われる。また，約束手形の振出人は，その手形の振出により，原因関係におけるとは別個の新たな債務を負担し，しかも，その債務は，挙証責任の加重，抗弁の切断，不渡処分の危険等を伴うことにより，原因関係上の債務よりもいっそう厳格な支払義務である。よって，会社がその取締役に宛てて約束手形を振り出す行為は，原則として利益相反取引にあたり，会社はこれにつき取締役会の承認を受けることを要する。

② 本条違反の効力

　株主総会（取締役会設置会社では取締役会）の承認なしに行われた取引につき，判例は**相対的無効**であるとして，善意の第三者に対して無効主張はできないものとしている。

2. 取締役の責任

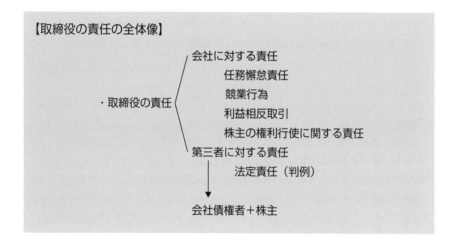

【取締役の責任の全体像】

・取締役の責任

　会社に対する責任
　　　任務懈怠責任
　　　競業行為
　　　利益相反取引
　　　株主の権利行使に関する責任
　第三者に対する責任
　　　法定責任（判例）

　会社債権者＋株主

　取締役の責任は会社に対する責任と第三者に対する責任に大別される。会社法において大きな変化があったのが会社に対する責任である。

（1）　会社に対する責任

　取締役は会社と委任契約を締結しており，違反すれば債務不履行責任を負うが（民法 415 条），一定限度で責任追及を容易にする規定を置いている。改正前商法では無過失責任とする規定が多かったが（改正前商法 265 条 1 項参照），会社法では原則として過失責任とされている。改正前商法特例法における委員

会等設置会社の取締役が原則として過失責任であることのバランスが取られたためである。

　ただし，過失責任といっても，取締役は自己に過失がないことを証明しなければ責任を免れることはできない（423条3項）。

①　責任の内容

　法令・定款違反の一般的責任と個別的責任規定に大別される。

　1）任務懈怠責任（423条）

> **［423条］**
> 　取締役，会計参与，監査役，執行役又は会計監査人（以下この節において「役員等」という。）は，その任務を怠ったときは，株式会社に対し，これによって生じた損害を賠償する責任を負う。

　取締役は，その任務を怠ったときは，会社に対してこれによって生じた損害を賠償する責任を負う（同条）。ただし，過失が推定される過失責任である（423条3項）。

　そして，任務懈怠には，取締役が遵守すべき法令に違反する行為（法令違反行為，最判平12.7.7）や，他の取締役を監視する義務に違反すること（監視義務違反，最判昭48.5.22）等が含まれる。このことから，任務懈怠責任は取締役の任務懈怠によって会社に損害を与えた場合のすべてを含む広い責任規定であるといえる。

> ［判例］　　　　　　　　　　　　　　　　　　　　　　　　（最判昭45.6.24）
> 　取締役が会社を代表して政治献金の寄付をなすにあたっては，会社の規模，経営実績その他社会的経済的地位および寄付の相手方など諸般の事情を考慮して，合理的範囲内においてその金額を決すべきである。したがって，この範囲を超えて不相応な寄付をすれば，取締役の忠実義務に違反する。

以下は個別的責任規定である。

　2）剰余金分配に対する責任（462条，464条）

会社は分配可能額の範囲内でのみ剰余金の分配をすることができる（461条）。この範囲を超えた違法な剰余金分配を受けた株主には，それを会社に返還する義務が課せられている（同条1項）。

　しかし，その完全な実現は実際上困難なので，取締役に違法な剰余金の分配に関する弁済（支払い）義務を課している（462条）。この責任は過失責任であり，職務執行を行うについて注意義務を怠らなかったことを証明すれば支払義務は負わない（同条2項）。

　また，取締役は株主に代わって弁済するので，当然株主に求償できるはずだが，善意の株主を保護するため，悪意の株主に対してのみ求償権を行使できるとしている（463条1項）。

3）株主の権利行使に関する利益供与（120条）

　会社は，何人に対しても，株主の権利の行使に関し，財産上の利益を供与してはならず（同条1項），違法に財産上の利益の供与を受けた者は，これを会社に返還する義務を負う（同条3項，無過失責任）。利益供与の反社会性から認められた規定である。

　しかし，その完全な実現は実際上困難であるので，供与した利益の価額を賠償する責任を利益供与に関与した取締役等に負わせている（同条4項）。なお，供与に関与した側の責任は**過失責任**であり（同条4項但書），総株主の同意による免除は認められているが（同条5項），任務懈怠責任のような一部免除は認められていない。

4）取締役の競業行為（423条）

　取締役および第三者が得た利益の額は，会社の受けた損害の額と推定され，取締役は損害賠償責任を負う（同条2項）。

5）会社と取締役の利益相反取引（423条）

　取締役が株主総会（取締役会設置会社では取締役会）の承認を得ないで会社と取引をしたときは，当然，法令違反により損害賠償責任を負うが（423条1項・2項），たとえ株主総会（取締役会）の承認を得て取引をしたとしても，結局会社に損害を与えてしまった場合には，やはり取締役は損害賠償責任を負うとしている（同条3項）。

　この責任は任務懈怠責任であり，株主総会または取締役会決議により責

任の一部免除の対象となる。

　ただし，取締役が**自己のために**利益相反行為（直接取引）をした場合は，利益相反性が高いので**無過失責任**とされており，総株主の同意による免除や一部免除も認められていない（428条1項・2項）。

②　責任者

　直接に損害を与えた取締役および取締役会決議で**賛成した取締役**である。ただし，**決議に参加した取締役**は，議事録に異議を留めないかぎり，決議に賛成したものと**推定**される（369条5項）。

③　責任の態様

　責任者が数人いれば連帯責任となる（430条）。

④　責任の免除

　会社法は，取締役に対して重い責任を課しているため，簡単に責任免除が行われると実効性を欠くことになる。そこで，原則として総株主の同意がなければ，会社に対する任務懈怠責任を免除することはできないとしている（424条）。

　しかし，総株主の同意という要件が厳しすぎるという価値判断から，一定の要件を充足する場合に以下のような**任務懈怠責任の一部免除**を例外的に認めている。

1）株主総会の特別決議による一部免除（425条）

　　取締役が職務を行うにつき善意でかつ重大な過失がなかったときは，**株主総会の特別決議**より責任の一部免除をすることができる。

$$\left\{ \begin{array}{l} \text{代表取締役→報酬等の6年分} \\ \text{取締役→報酬等の4年分} \\ \text{社外取締役→報酬等の2年分} \end{array} \right.$$

2）定款の定めに基づく取締役の過半数あるいは取締役会決議による一部免除（426条）

　　事前に責任の一部免除の手続を定款で定めておく方法であるが，取締役の職務執行の状況その他の事情を勘案して特に必要と認める場合であるこ

とが要件となる（同条1項）。もっとも、このような定款の定めをすることが可能なのは、取締役2名以上の監査役設置会社または指名委員会等設置会社である（同条1項）。

3）社外取締役に関する定款の定めに基づく責任限定契約（427条）

責任の一部免除を**契約**によって**事前に**定めておく方法である。会社は、**社外取締役**との間で職務を行うにつき、善意でかつ重過失がなかったときは、定款に定めた範囲内で、あらかじめ定める額と報酬額等の2年分とのいずれか高い額を限度とする責任限定契約をすることができる（427条1項）。

（2）第三者に対する責任

① 総　説

取締役は会社に対して委任契約関係にあるが、契約関係のない第三者（会社債権者）に対しては、本来からいえば、第三者に対する権利侵害についての故意・過失という不法行為の要件（民法709条）を充たさない限り、責任を負わないはずである。

しかし、株式会社の活動は取締役の職務執行に依存していることから、**第三者保護（会社債権者）のため特則**をおいて、会社に対する職務執行（放漫経営等）について悪意または重過失があれば、第三者に対する権利侵害についての故意または過失を問題にしないで、取締役に損害賠償責任を負わせることにしたのである[27]（429条）。

> **［429条］**
> 役員等がその職務を行うについて悪意又は重大な過失があったときは、当該役員等は、これによって第三者に生じた損害を賠償する責任を負う。

実際には中小企業の倒産に際して、取締役への責任追及手段として利用されている（法人格否認の法理と同様の機能）。

27）会社法429条に基づく第三者の取締役に対する損害賠償請求権の消滅時効期間は10年（民法167条1項）であるとするのが判例である（最判昭49.12.17）。

② 責任の内容

取締役は，職務執行につき悪意または重過失があり，よって第三者に損害を被らせたときには，取締役の職務執行と第三者の損害との間に相当の因果関係があるかぎり，直接損害であるか間接損害であるかを問わず，第三者に対し責任を負う（最大判昭44.11.26）。

また，本条の責任は，不法行為の特則ではなく，不法行為とは別個の責任であり，両者の責任は両立しうる（**法定責任説**）。このため，取締役が職務行為について第三者に損害を与えたときには民法上の不法行為責任を負うことになる。なお，第三者には**株主も含まれる**。

③ 責任者

任務に違反した取締役は連帯して責任を負う（430条）。

実際に違反行為をした取締役だけでなく，悪意または重過失により他の取締役の任務違背を見逃した取締役も責任を負う。すべての取締役は業務執行を監視する義務を負うからである（362条）。また，本条の責任者には名目的取締役も含まれる。

・名目的取締役の監視義務違反

名目的取締役とは適法な選任決議はあるが，実際には取締役としての任務を遂行しなくてよいとの合意がある場合の取締役をいう。

[判例]　　　　　　　　　　　　　　　　　　　　　　　　（最判昭55.3.18）
　非常勤のいわゆる社外重役として名目的に取締役に就任した者であっても，同会社の代表取締役の業務執行を全く監視せず，取締役会の招集を求めたりすることもなく，同人の独断専行に任せている間に，第三者に損害を与えた場合には，第三者に対し損害賠償責任を負う。

・表見取締役（取締役就任登記を承諾した者）の責任

[判例] (最判昭 47.6.15)
　取締役でないのに取締役として就任の登記をされていた者が故意または過失により右登記につき承諾を与えていたときは，同人は，14 条（現 908 条）の規定の類推適用により自己が取締役でないことをもって善意の第三者に対抗することができない。したがって取締役同様，266 条の3（現 429 条）の責任を負う。

・取締役の辞任登記未了と本条の責任

[判例] (最判昭 63.1.26)
　取締役を辞任した者は，積極的に取締役として対外的または内部的な行為をあえてしたとか，登記申請者である会社の代表者に対して辞任登記を申請しないで不実の登記を残存させることにつき明示的に承諾を与えていたなどの特段の事情がない限り，辞任登記未了のためその者を取締役と信じて会社と取引をした第三者に対して 266 条の3（現 429 条）の責任を負わない。

3. 監査役の義務・責任

（1）義　務

【監査役の義務】

　　　　　　　○　善管注意義務
　　　　　　　×　忠実義務
　　　　　　　×　競業避止義務
　　　　　　　×　利益相反義務

　会社と監査役との法律関係には，会社と取締役との関係と同様に委任の規定が適用されるので（330 条），その職務執行については，当然に善管注意義務を負うが（民法 644 条），**忠実義務は負わない**（355 条）。監査役が善管注意義

務に違反して会社に損害を与えた場合は，当然に損害賠償責任を負う。

　また，**監査役は業務執行とは関係がないので**，会社との利益衝突の問題は生ぜず，競業避止義務（356条），利益相反取引規制の義務（356条）は負わない。

(2) 責　任

① 会社に対する責任

　監査役が，取締役の違法行為を発見できないなどの任務を怠ったときには，取締役と同様に，会社に対し連帯して損害賠償の責任を負う（423条）。

　監査役においても，取締役と同様の責任軽減規定が存在する（425条1項，426条1項，427条1項）。

② 第三者に対する責任

　監査役が，その職務を行うにつき悪意または重大な過失があるときは，取締役と同様に，第三者に対しても損害賠償責任を負う（429条1項）。

4.　株主代表訴訟

　株主代表訴訟（**責任追及等の訴え**）は，会社が**取締役等**（発起人，設立時取締役，設立時監査役，取締役，会計参与，監査役，執行役，会計監査人，清算人）に対する責任の追及を怠る場合（**提訴懈怠**）に，株主が会社に代わって自ら訴訟を提起することを認めるもので，**株主による監督機能を強化**したものである。

　平成5年の商法改正により，**株主代表訴訟は「財産権上の請求ではない請求に係る訴え」**として訴訟手数料が一律8,200円（現在は13,000円）で済むようになったため（847条の4第1項），株主代表訴訟が急増し，取締役等に対して巨額の損害賠償金が課せられるようになった（大和銀行事件，大阪地判平12.9.20等）。そこで，経済界から取締役等に対する責任が重すぎるとの批判があり，会社法で提訴等につき見直しが行われた。また，平成26年改正では，**最終完全親会社等の株主**による子会社の取締役等に対する株主代表訴訟の提起

が認められた（**多重代表訴訟**）。

（1）訴えの提起の要件

① 原告適格

- 原則…**6カ月前**から引き続き株式を有する株主（**1株でも可**）が，会社に対し訴えの提起を請求し（847条1項），60日間待っても訴えの提起がない場合には，自ら会社のために訴えを提起しうる（同条3項）。

- 例外…会社による訴えの提起を待っていては，会社に回復できない損害を生ずるおそれがある場合（損害賠償請求権の時効が近い，取締役が財産を隠匿するおそれがある等）には，直ちに訴えを提起しうる（同条5項）。

  また，提訴請求を受けた会社が提訴しない場合において，株主等から請求を受けたときは，株主等に対し不提訴の理由を通知する必要がある（同条4項）。

  さらに，**訴権濫用防止**のため，訴訟の提起が制度の趣旨に反する**不正利用目的**や会社に対する加害目的がある場合には，訴えの**提起自体ができない**としている（同条1項但書）。

② 被告適格・管轄・訴えの対象

　株主代表訴訟の被告となるのは**取締役等**（**過去に取締役等であった者を含む**）である（847条3項）。また，株主代表訴訟は**会社の本店所在地を管轄する地方裁判所の専属管轄**となる（848条）。そして，株主代表訴訟の対象となる取締役等の責任の範囲は，取締役等が会社に対して負担する一切の債務であると解されている。判例も，**取締役等の地位に基づく責任のほか，取締役等の会社に対する取引債務についての責任**も含まれるとしている（最判平21.3.10）。

③ 訴訟の追行

　日本興銀事件[※]を契機に明文化されたと言われている。訴えを提起した株主が，**株式移転・株式交換**により子会社の株主の地位を喪失しても，そのまま**株主代表訴訟を追行**することができる（851条）。

※日本興銀事件　　　　　　　　　　　　　　　　　　　　（東京地判平 13.3.29）

　興銀（日本興業銀行）が持株会社（みずほホールディングス）の子会社になったので，興銀の株主は持株会社の株主になった（興銀の株主ではない）として，原告株主には興銀の取締役を被告として株主代表訴訟を提起する資格はないと判断したものである。この判決に対しては，持株会社の設立が取締役の訴訟逃れに悪用されることになるとの批判があった。

（2）判決の効力

　訴えの原告は株主であるが，会社のために訴えるのであるから，自己に対してではなく，直接会社に給付することを請求できるにすぎない。また，判決の効力は当然会社に及ぶ（民事訴訟法 115 条 1 項）。

　なお，訴訟は判決だけでなく，和解によっても終了できる（850 条 1 項）。迅速かつ妥当な解決方法だからである。

（3）代表訴訟への対抗手段

　代表訴訟を提起された場合に，裁判所は，取締役等の請求により訴訟提起が悪意であることを疎明できるときは，原告に相当の担保の提供を命ずることができる（847 条の 4 第 2 項・3 項）。

（4）参　加

　取締役等の責任追及に関する訴えが提起された場合には，他の株主または会社は，その訴訟に参加することができる（849 条 1 項）。株式会社が，被告となった取締役等を補助するため，訴訟に参加する場合は，監査役設置会社では各監査役の，指名委員会等設置会社では各監査委員の，監査等委員会設置会社では各監査委員の同意を得ることが必要である（同条 3 項）。

（5）多重代表訴訟（特定責任追及訴訟）

　多重代表訴訟とは，親会社の株主が，当該親会社を代位して**子会社の取締役等の責任（特定責任）を追及する訴え**を提起することを認める制度である。子会社のガバナンスを強化するため，平成 26 年改正で新たに導入された。子会

社の損害が親会社の損害につながる場合がありうるからである。

　ただし，多重代表訴訟を利用できるのは最終完全親会社等の株主，つまりグループ企業の頂点に立つ会社の株主に限定される（847条の3第1項）。グループ企業の純粋持株会社である「○○ホールディングス株式会社」などが最終完全親会社（847条の3第2項）等となる。

　多重代表訴訟の提起の要件は，原則として通常の株主代表訴訟と同じである。最終完全親会社等をA会社，その子会社をB会社とした場合，A会社の株主が，B会社の取締役等の責任（特定責任）を追及する訴えを提起するよう請求し，B会社が60日以内に訴えを提起しない場合に，A会社の株主が，B会社の取締役等に対して，特定責任の追及の訴えを提起することが認められる。

　ただし，通常の株主代表訴訟が単独株主権であるのと異なり，多重代表訴訟は**少数株主権**となっている。つまり，6か月前から引き続き「総株主の議決権の100分の1以上の議決権」または「発行済株式（自己株式を除く）の100分の1以上の数」の株式を有するA会社の株主であることが，訴え提起の要件となっている。

　また，濫訴防止の観点から，①株主または第三者の不正な利益を図ることを目的とする場合，②B会社・A会社に損害を加えることを目的とする場合，③特定責任の原因となった事実によってA会社に損害が生じていない場合は，多重代表訴訟の提起が認められない（847条の3第1項但書）。

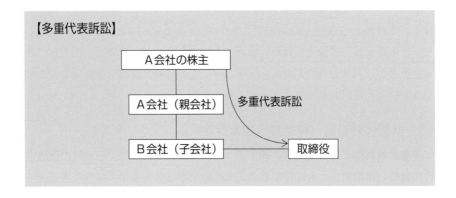

【多重代表訴訟】

A会社の株主

A会社（親会社）

多重代表訴訟

B会社（子会社） → 取締役

5.　株主による違法行為の差止め

（1）　意　義

　取締役が会社の目的外の行為その他法令または定款に違反する行為をしよう
としている場合に，これがなされれば会社に**回復することができない損害**（指
名委員会等設置会社・監査等委員会設置会社・監査役設置会社の場合）または
著しい損害（それ以外の会社の場合）を与えるおそれがあるときには，6 カ月
以上引き続き株式を有する株主は，当該取締役に対して，その行為の差止めを
請求することができる（360条）。ただし，**非公開会社**の株主については「6
カ月以上」の保有期間の制限がないので（同条 2 項），株主たる資格さえあれ
ば請求できる。

> **[360条]**
> 　六箇月（これを下回る期間を定款で定めた場合にあっては，その期間）前から引き
> 続き株式を有する株主は，取締役が株式会社の目的の範囲外の行為その他法令若し
> くは定款に違反する行為をし，又はこれらの行為をするおそれがある場合において，
> 当該行為によって当該株式会社に著しい損害が生ずるおそれがあるときは，当該取締
> 役に対し，当該行為をやめることを請求することができる。

　また，指名委員会等設置会社では，執行役の違法行為差止請求が認められて
いる（422条）。違法行為の差止めは**事前の救済手段**としての性質を有する。

（2）　趣　旨

　会社は取締役（執行役）の違法行為を差し止める権利を有するが，会社がそ
れを怠る場合に備え，一定の要件の下に，各株主は，**会社のために違法行為の
差止め**を請求することができるとした。差止請求は裁判外でも行うことができ
る。

　業務監督権限をもつ監査役が設置されている会社では，株主の差止請求の行
使要件は，監査役の行使要件よりも厳格になっている（385条）。株主の場合
は監査役と比較して濫用の危険があるためである。

差止請求は，会社のために行使されるので，差止めの訴えの判決の効力は，やはり会社に及ぶ（民事訴訟法115条1項）。

なお，類似の制度として募集株式の発行差止請求が定められている（210条）。この発行差止請求は，**株主保護のために**認められたもので，制度趣旨が異なる。

6. 指名委員会等設置会社の特則

指名委員会等設置会社は前述したように，指名委員会，監査委員会，報酬委員会の3つの委員会をおく株式会社である（2条12号）。業務執行を行うのは執行役である。

指名委員会等設置会社においては，取締役は，業務執行を行わず，業務執行の監督を行うにすぎず（415条），また，執行役は取締役会や監査委員会からの監視を受けることになる（416条1項2号，405条）。ただし，人材確保の点から取締役と執行役の兼任は禁止されていない（420条6項）。

執行役については，その職務権限の類似性から，取締役規定に関する多くの準用がなされている。

たとえば，執行役の忠実義務（419条2項，355条），競業避止義務及び利益相反取引の禁止（419条2項，356条），責任に関する規定（423条以下）である。

（1） 指名委員会等設置会社に対する責任

① 違法な剰余金の分配に関する責任（462条，464条）

取締役・執行役は違法な分配額の支払義務を負う（462条）。

② 株主の権利行使に関する利益供与

株主の権利行使に関する利益供与に関与した執行役は，その職務を行うについて注意を怠らなかったことを証明しない限り責任を負う（過失責任，120条4項）。

③ 利益相反行為

直接取引・間接取引において取締役・執行役がその任務を怠ったことによ

り，会社に損害が生じた場合は損害賠償責任を負う（423条）。

(2) 第三者に対する責任

　取締役および執行役は，職務執行につき悪意または重過失があった場合には，第三者に対して損害賠償責任を負う（429条）。

(3) 連帯責任

　指名委員会等設置会社においても，取締役および執行役の指名委員会等設置会社および第三者に対する責任は連帯責任である（430条）。

(4) 株主代表訴訟

　指名委員会等設置会社においては，取締役のみならず執行役も株主代表訴訟の対象となる（847条）。

(5)　違法行為差止請求権

　執行役に対する違法行為差止めが認められている（422条）。

1 取締役の競業避止義務

　取締役が自己または第三者のため，会社の営業の部類に属する取引を
するには，株主総会（取締役会設置会社では取締役会）の承認を受けな
ければならない（356条1項）。

2 取締役の利益相反取引

　① 取締役が自己または第三者のために会社と取引をする場合には，株
　　主総会（取締役会設置会社では取締役会）の承認を受けなければなら
　　ない（356条1項）。

　② 利益相反取引がなされた場合，その取引は無効だが，会社以外の善
　　意の第三者に対しては取引の無効を主張できない（相対的無効説，判
　　例）。

3 取締役の会社に対する責任

　① 会社に対する責任は，法令・定款規定違反と個別的責任に大別され，
　　原則として過失責任となっている。

　② 会社に対する責任については一定の要件を充足すれば免除される。

4 取締役の第三者に対する責任

　① 取締役・監査役・執行役は，職務執行につき悪意・重過失がある場
　　合には，第三者に対しても損害賠償責任を負う（429条1項）。

　② 取締役の第三者に対する責任につき，取締役の中には名目的取締役，
　　表見取締役も含まれる（判例）。

5 監査役は，会社に対して善管注意義務を負うが，業務執行に関与しな
　いため，忠実義務，競業避止義務，利益相反取引規制の義務は負わない。

6 一定の要件を充たす株主には，代表訴訟提起権，違法行為差止請求権
　がある（847条，360条）。

Exercise

問題　株式会社における取締役の義務及び責任に関する次の記述のうち，誤っているものの組合せとして妥当なのはどれか。

ア　取締役会設置会社において，取締役が自己又は第三者のために株式会社の営業の部類に属する取引をなすにあたり，取締役会にその取引についての重要な事実を開示して，その承認を最初に得ていれば，事後の報告は省略することができる。

イ　株式会社と取締役との関係は，委任に関する規定が適用されるが，会社法では取締役に対して忠実義務を課しているので，取締役は民法上の善管注意義務を負わないとするのが判例である。

ウ　取締役は，その職務を行うことについて悪意又は軽過失があった場合には，株式会社に対してのみならず，第三者に対しても損害賠償責任を負う。

エ　取締役会設置会社において，取締役が自己または第三者のために，株式会社と利益相反取引をする場合には，株主総会の承認を得なければならない。

1　ア，ウ，エ

2　ア，イ，エ

3　ア，イ，ウ，エ

4　イ，ウ，エ

5　イ，ウ

解説

ア　誤。取締役会設置会社においては，取締役会が適当な措置をとりうるようにするため，承認を受けたかどうかを問わず，その取引を行った取締役は，遅滞なくその取引につき，重要な事実を報告しなければならない（365条2項）。そうでなければ，株式会社に損害を与えるおそれがあるからである。

イ　誤。株式会社と取締役との関係は，委任に関する規定に従うとする点は正しい（330条）。しかし，後段が誤っている。取締役は「株式会社のため忠実にその職務を行わなければならない」（355条）として忠実義務を負うが，これは民法上の善管注意義務（民法644条）とは別個の高度の義務を規定したものではなく，善管注意義務を一層明確にしたにとどまるとするのが判例である（最大判昭45.6.24）。したがって，忠実義務の性質は善管注意義務と同じであり，取締役が委任契約上の受任者として（330条），善管注意義務を負うことに変

わりはない。

ウ 誤。取締役は株式会社のために職務を行うので、この任務を怠った場合には、株式会社に対して損害賠償責任を負う（423条1項）。一方で、第三者に対する権利侵害については、故意又は過失がなければ、第三者に対して不法行為責任を負わないはずである。しかし、取締役は、株式会社に対する任務懈怠について悪意又は「重過失」があれば、第三者に対する権利侵害についての故意又は過失を問題としないで、第三者に対して損害賠償責任を負う（429条1項）。この場合、会社法は重過失を要求しており、軽過失では足りない。

エ 誤。取締役会設置会社において利益相反取引の承認を要するのは、株主総会ではなく取締役会である（365条1項、356条1項2号3号）。取締役会設置会社においては、取引に係わる経営的事項については、経営の専門家である取締役で構成される取締役会に判断させることにしている。このことから、取締役会設置会社でない株式会社では、利益相反取引の承認機関は、株主総会とされる（356条1項2号・3号）。

　以上より、すべての選択肢が誤っているので、正解は❸となる。

解答　❸

13 株式会社の計算

資本制度の概要，剰余金の分配について押さえておきましょう。

1. 計　算

（1）資本金制度

①　資本金

　資本金とは，**会社財産を確保するための基準となる一定の金額**をいい，会社はこれを**登記・貸借対照表上に公示**しなければならない（911条3項5号，442条）。ただ，会社には「資本金」という具体的な財産があるわけではない。

　株式会社では株主の有限責任制を採用し（104条），会社財産以外には財産的な基礎がないので，**株主と会社債権者との利害調整のため**，資本金として一定の金額を保有させることにしている。改正前商法は，会社が新株を発行したときに資本金に組み入れる額は「発行価額」を基準にしていたが，以下のように改めた。

　┌ 原則…発行時に払込みをした額の総額（払込み金額，445条1項）
　└ 例外…**払込み総額の2分の1**を超えない限度で資本金に組み入れず，これを**資本準備金**とすることができる（445条2項）。

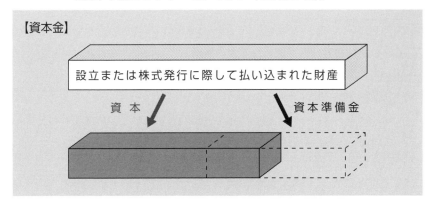

【資本金】

設立または株式発行に際して払い込まれた財産

資　本　　　　　　　　　資本準備金

・**資本充実・維持**の原則

　資本金の額に相当する財産が現実に拠出され，かつ保有されなければならない

→分配金制限（446 条，461 条など）にあらわれる

・**資本不変**の原則

　資本金の額を自由に減少することを禁止する（447 条以下）

・**資本確定**の原則

　会社の設立または資本の増加には，定款所定の資本金額に相当する株式全部の引受けがなされなければならない

→設立時においても打切り発行が認められたため（63 条 3 項），全株式の引受けは強制されず，この原則は放棄された，と見ることも可能である

② **準備金**

1）法定準備金

　法律の規定により積み立てることが要求される財産で，資本金同様に会社債権者を保護する機能を有することから，利益配当などで社外に流出することが許されないものである。計算上の数額にすぎない。

　法定準備金には積立の財源から以下のように区別される。

　　　ア．**資本準備金**…設立・株式発行に際して株主が払い込んだ財産のうち，資本に組み入れないもの（445 条 3 項）。剰余金を財源とする。

　　　イ．**利益準備金**…剰余金の配当をする場合に積立てが要求される額。その配当により減少する額の 10 分の 1 を積み立てなければならない（445 条 4 項）。利益を財源とする。

　改正前は両者は財源が異なるため区別していたが，会社法では両者を区別せずに準備金とひとくくりにして規定をおいている（445 条 4 項参照）。

2）任意積立金（任意準備金）

　会社が定款または株主総会決議で自発的に積み立てる積立金。利益準備金を積み立てた残余の利益財源として積み立てるものである。

【準備金】

設立または株式の発行に際して払い込まれた額の2分の1を超えない
額＋剰余金の配当をする際の減少する剰余金の10分の1＋合併等の
際計上される額⇒資本金同様，会社債権者などの信頼の基盤となる

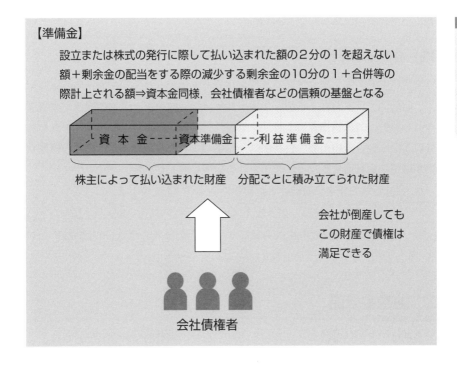

③ **資本金・準備金の減少**

　資本金・準備金は，会社債権者の最後のよりどころになる点では，大切であ
るが，資本金に最低限度がない（会社法は改正前商法にあった最低資本金制度
を撤廃している）ことを考えれば，その減少についても，会社債権者を害さな
い限りは，制限を設けるべきではない。資本金の減少は，会社の業績が不振
で，会社財政を建て直す手段として用いられる。

　そこで，会社法は，以下のような定めをおいている。

　ア．株式会社成立後の資本金・準備金の減少は，**株主総会の決議**（資本金は
　　原則特別決議，準備金は原則普通決議）により**無制限に可能**（いずれも0
　　円とすることも可能。447条，448条）。

　イ．資本金を減少して準備金に計上することも，準備金を減少して資本金と
　　することも可能（447条1項2号，448条1項2号）

　ただ，いずれの場合も，利益を害される会社債権者の存在を考慮して，債権

者による異議が認められる（449条）。

（2）会計帳簿など

　確かに，資本金や準備金は，会社債権者の最後のよりどころではある。しかし，会社法では最低資本金制度を採用せず，かつ資本金・準備金の減少を可能としたため，会社債権者にとって，資本金や準備金はそれほど当てにできないものとなった。このため，会社法は，以下のような規制により，**会社の財産状況が適切に会社債権者などに開示される措置**を講じている。

　1）**会計帳簿の作成の適時性・正確性**を明文化（432条1項）

　2）会計参与制度の創設，会計検査人の設置範囲の拡大（326条2項）

　3）すべての機関設計の株式会社に対する貸借対照表の公告義務づけ（440条1項）

2. 剰余金分配

　会社は，その活動によって利益をあげ，会社の実質的な所有者である株主にその利益を分配することを目的とする。しかし，実際には利益もないのに株主に配当を分配するとなれば，会社債権者などに多大な損失を与えかねない。また，利益の分配以外でも，資本金や準備金を減少した際に生じる払戻しや，自己株式の有償取得においても同様の弊害がある。そこで，会社法は，これらを「**剰余金の分配**」として整理し，統一的に**財源規制**をかけることにした（461条）。

【剰余金分配】

・会社がその事業による利益を株主に対して分配すること
⇒自己株式の取得も「剰余金の分配」という点で共通

会社法は「剰余金の分配」と統一して規定する

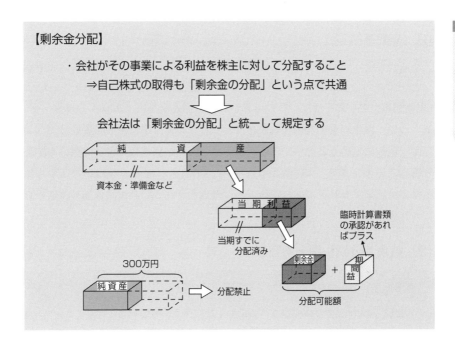

（1）分配可能額

　最終の貸借対照表上に存在する利益などから最終の貸借対照表上の自己株式の価額等および当期に分配した金銭等の価額を控除する方法で，まず**剰余金**が算定される（446条）。そして，この剰余金を元に，臨時計算書類の承認を受けた場合にはその期間損益を加えたうえで，**分配可能額**が決定される（461条）。

　ただし，資本金の額にかかわらず，**純資産額が300万円未満の場合には，たとえ剰余金があっても，これを株主に分配することはできない**（458条）。財務体質が脆弱な会社に剰余金分配を許すと，会社債権者らが害されることから定められた規定である。改正前商法において，有限会社の最低資本金が300万円であったことを反映する規制である。

（2）分配手続

　株式会社は，**いつでも，株主総会の決議によって**，剰余金の分配を決定することができる（453条，454条）。ただし，金銭以外の財産の分配をする場合（**現物配当**，454条4項）や特定の者から自己株式を有償で取得する場合（160条）には，株主総会の特別決議が必要となる。また，**取締役会設置会社**については，**定款に定めをおけば，年1回に限り，中間配当を取締役会決議のみにより行うことができる**（454条5項）。なお，上述の分配可能額規制に反する株主総会決議は，会社財産維持の観点から無効とされ，総会決議無効の確認の訴えの対象となる（830条2項）。

（3）剰余金分配に関する責任

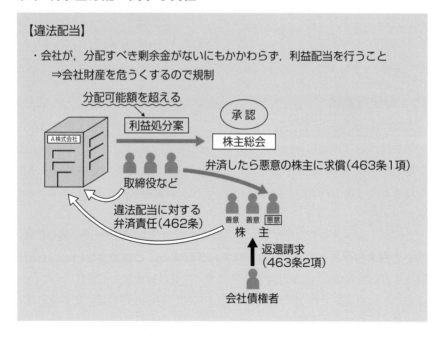

① 株主・取締役等の責任

　上に述べた規制に反して，利益が存在しないのに株主の関心を集めるために

166

利益配当などを行うと（これを「タコ配当」という），会社財産を著しく害してしまう。

そこで，分配可能額を超えて剰余金の分配がなされた場合には，資本充実の観点より，**違法配当により金銭等の交付を受けた者（株主）**，**業務執行者**（業務執行取締役，指名委員会等設置会社の執行役），**分配議案を株主総会または取締役会に提出した取締役・執行役**（提出取締役等）は，会社に対して，分配した額を連帯して弁済する責任を負うとした（462条1項）。

なお，株主の弁済責任は**無過失責任**であるが（免責事由が定められていない），**業務執行者および提出取締役等の責任は過失責任**であり，これらの者が，職務を行うにつき注意を怠らなかったことを証明すれば，総株主の同意がある場合に限り**分配可能額の範囲内**で弁済責任が免除される（同条2項・3項）。すなわち，分配可能額を超える部分については総株主の同意によっても免除はできない。

株主が無過失責任であるのに対し，業務執行者等が（分配可能額の範囲内だが）過失責任であるのは不公平にも思える。しかし，現実には不特定多数の株主に対して弁済請求をするには多大な労力を必要とするので，会社としては労力のかからない業務執行役等に弁済請求をする方法をとることになろう。

また，この場合には，会社のみならず，**会社債権者も直接株主に対してその支払を求めることができる**としている（463条2項）。

② 株主に対する求償

上述の弁済責任を果たした業務執行者は，**悪意の株主に対し求償請求ができる**（463条1項，善意の株主の求償義務を免除）。

14 株式会社の資金調達

近時，出題が増加している分野です。各種の資金調達の比較をしながら学習していきましょう。最も重要な資金調達の手段は募集株式です。設立段階の株式発行と比較することが重要ポイントです。

1. 総　説

【資金調達の全体像】

・資 金 調 達
- 外部資金…金融機関等による借入金・募集株式（新株発行＋自己株式の処分）・社債発行
- 内部資金…利益の内部留保・減価償却

・債務負担の有無
- あり…金融機関等による借入金・社債発行
- なし…募集株式（新株発行＋自己株式の処分）

　会社が，新たに資金を調達するには，新たに株式を発行したり（新株発行），自己株式を処分したり，社債を発行することが考えられる（もちろん，銀行等から借り入れをすることも方法の１つであるが，ここでは触れない）。

　前２者は，いずれも**株式を割り当てる点で共通性**を有し，また**会社が債務を負うものではない**。そこで会社法は，これらを統一して「募集株式」として規定している。これに対し，社債は，**会社が債務を負担する**ものであり，別の規制が必要となる。よって，会社法は，第４編でこれを一括して規定している。

2. 募集株式

(1) 意義

　払込みを伴った**株式の発行**（新株発行）および**自己株式の処分**を募集株式という。したがって，「募集株式の発行」といえば，会社が社員たる地位を表した株式を公衆に発行することにより，社会一般から資金を集約することをさす。

(2) 発行

① 募集事項の決定

　会社が募集株式を発行するには，**その都度，株主総会の特別決議**により，発行の可否・その内容について決定しなければならない（199条，309条2項5号）。ただし，株主総会は，募集株式の数の上限・払込み金額の下限を定めた上で，この決定を**取締役（取締役会設置会社では取締役会）に1年間だけ委任することができる**（200条）。また，譲渡制限株式を発行する種類株式発行会社では，該当する種類株主の種類株主総会決議によって，上述の決定ないし委任がなされる（199条4項，200条4項，324条2項）。

　なお，**公開会社**においては，募集事項の決定は**取締役会の決議によって決定される**が，その決定内容は株主に対して通知ないし公告されなければならない（201条3項）。

② 募集方法

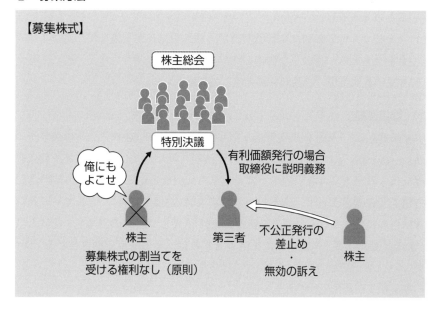

【募集株式】

1) 株主割当て

　募集株式の発行に際し，**現在の株主に対して，その持株数に応じて株式を優先的に引き受ける権利を与える方法**である（202条1項・2項）。株主割当てを行う場合には，募集事項のほか，株主に割当てを受ける権利を与える旨および申込み期日を定めることを要する（同条1項）。これは，**募集株式の割当てを受ける権利を株主が当然には有しない**ことを前提としたものである。

2) 第三者割当て

　株主以外の特定の者に募集株式を割り当てて資金を調達する方法である。特定企業との資本提携や業務提携の強化，株式買占めや公開買付による乗っ取り防止の策としてなされる。この場合，現在の株主の経済的利益を保護するために，内容の決定に際し，**募集株式を引き受ける者に特に有利な金額で発行する場合には，取締役は株主総会でその募集の必要な理由を説明する義務を負う**（199条3項）。第三者に公正な価額より著しく低い価

額で新株が発行されると，株主は株価の値下がりにより経済的損失を受けるためである。

そして，特に有利な発行価額とは，株式を発行する場合に，通常払込み金額とされるべき公正な価額に比べて特に低い価額をいう。一般には募集株式の株式市場での動向等を考慮して判断される。

③ 募集過程

募集株式は，「会社による申込みをしようとする者への株式会社の商号等の通知（203条1項）→引受け希望者の申込み（同条2項）→取締役又は代表取締役による割当ての意思表示」によって株式引受けが成立する（204条）。この割当ての意思表示は，株主総会・取締役会の方針に基づくもので，方針自体は自由に決定される（**割当て自由の原則**）。そして，この割当てを受けた者（株式引受人）が，**指定期日に払込みをすれば，その時点で株主となる**（209条）。もし払込みがなければ，引受人は失権する（208条5項）。

募集株式が新株発行である場合には，発行済株式総数や資本金などの登記事項に変更が生ずるため，会社は変更登記をしなければならない（911条3項5号・9号）

④ 不公正な募集株式発行
1）株主の差止請求権

株主総会（公開会社では取締役会）で発行の決定がなされる場合，不公正な取扱いによって会社や株主に不利益を生じさせる危険がある。たとえば，会社内部の支配権の争奪のための発行がこれに当たる。そこで，一般原則による救済とは別に，**株主に募集株式の発行差止め・自己株式の処分差止請求権を認めた**（210条）。この差止めは，募集株式が効力を発生する**払込み期日前にのみ行使できる**。募集株主の発行差止請求権は取締役の違法行為の差止請求（360条）が会社財産の保護を目的としているのと異なり，株主の利益保護を直接の目的としている。

2）通謀引受人の責任

取締役が引受人と通謀して不公正な募集株式を発行したときは，当該取

締役が任務懈怠に基づく損害賠償責任を負う（423条）とともに，その相手方である引受人も，公正なる価額との差額の支払責任を負う（212条1項1号）。これは，資本充実の観点から認められたものだが，価額が著しく不足することに善意無過失の引受人には申込みの取消権を認めた（同条2項）。なお，この責任追及には，株主代表訴訟が認められる（847条1項）。

⑤ **出資の履行の仮装**

1）引受人の責任等

　募集株式の発行に際して出資を仮装した引受人は，会社に対し，払込みを仮装した出資（**見せ金**）に係る金銭の全額の支払義務や，仮装した現物出資に係る財産の全部の給付義務（会社から財産の価額に相当する金銭の支払いを請求されたときは，当該金銭の全額の支払義務）を負う（213条の2第1項）。出資の履行を仮装した引受人の責任は**無過失責任**であるが，総株主の同意によって免除が可能である（同条2項）。

　また，引受人は，上記の支払義務・給付義務を履行した後でなければ，出資の履行を仮装した募集株式について，株主としての権利を行使できない（209条2項）。ただし，この募集株式を**善意かつ無重過失で譲り受けた者**は，株主としての権利を行使できる（同条3項）。

2）取締役の責任

　出資の履行の仮装に関与した取締役は，会社に対し，募集株主の引受人と連帯して，上記の支払義務・給付義務を負う（213条の3第1項）。ただし，出資の履行を仮装した取締役（無過失責任）を除き，職務を行うについて相当の注意をしたことを証明すれば，支払義務・給付義務を負わない（**過失責任**，同条項但書）。

（3）**募集株式の無効**

　募集株式の発行が違法である場合にも，発行をめぐる法的安定性を考えれば，無効原因は制限的に考えざるをえない。しかし，**重大な法令・定款違反の場合**（定款に定めた会社が発行しうる株式総数を超過して発行した場合，定款に定めていない種類の株式を発行した場合）には，無効となる。

※無効事由の非該当例
・代表取締役が有効な取締役会の決議を経ないで募集株式を発行した場合は，対外的に会社を代表する権限のある取締役が新株を発行した以上，募集株式の発行は有効である（最判昭 36.3.31）。
・株式会社の代表取締役が株主総会の特別決議を経ないで，株主以外の者に対して特に有利な発行価額をもって募集株式を発行した場合は，募集株式発行の無効原因とはならない（最判昭 46.7.16）。
※無効事由の該当例
・募集株式発行に関する事項の公示（募集株式発行の公告又は通知）を経ずに募集株式を発行した場合は，株主が募集株式発行差止請求権を行使する機会を奪っているので，募集株式発行差止請求をしたとしても差止めの事由がないためにこれが許容されないと認められる場合でない限り，募集株式発行の無効原因となる（最判平 9.1.28）。

　もっとも，法律関係の画一的確定のため，無効の主張は，株主・取締役等に限り，募集株式の効力が生じた日から**6か月以内**（非公開会社は 1 年以内）に，**訴えをもってのみ**可能であるとされている（828 条）。そして，無効の判決が確定すると，株式は将来に向かってのみ効力を失い（839 条），第三者にも判決の効力が及ぶ（**対世効**，838 条）。

　また，募集株式発行の手続が全くなされていない場合などには，新株発行等不存在確認の訴えの制度が規定されている（829 条，最判平 15.3.27）。なお，無効の主張とは異なり，出訴期間や主張権者の制限はない。

3. 新株予約権

（1）意義

　新株予約権とは，これを保有する者（新株予約権者）が，会社に対してこれを行使することにより，当該会社の株式の交付を受けることができる権利であると定義されている（2条21号）。行使可能期間内に，新株予約権者の判断でその権利が行使されれば新株が発行されるのであるから，**新株引受権契約の予約完結権**としての性質を有する。この権利は，以前は取締役や使用人に対するストック・オプションなどに限定して使われていたが，会社の資金調達の一方法として制度化されたもの。

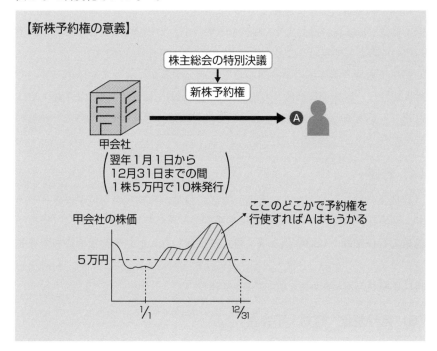

【新株予約権の意義】

株主総会の特別決議

新株予約権

甲会社

翌年1月1日から
12月31日までの間
1株5万円で10株発行

甲会社の株価

ここのどこかで予約権を
行使すればAはもうかる

5万円

1/1　　　12/31

（2）発行

① 募集事項の決定

　この決定も，募集株式の決定同様，その募集ごとに**株主総会の特別決議**に

よって内容・数等が定められなければならない（238条）。取締役会への決定の委任や有利発行の場合の取締役の説明義務も募集株式と同様である（239条）。また，公開会社では，取締役会決議でこの決定を行うこともまた同様である（240条）。

② 発行方法

これも，募集株式の方法と同様である（242条）。会社は，発行した後に遅滞なく，新株予約権原簿を作成し（249条），本店に据え置かなければならない（252条1項）。

(3) 譲渡

新株予約権は，自由に譲渡できる（254条）。ただし，会社は，その譲渡に株主総会（取締役会設置会社の場合は取締役会）の決議を要することを新株予約権の内容として定めることができる（236条1項6号，262条）。

新株予約権の譲渡は当事者間の合意で成立するが，会社または第三者への対抗要件は，新株予約原簿への氏名・住所の記載・記録である（257条1項）。ただし，新株予約証券が発行されている場合には，それを交付することが契約成立要件となる（255条1項）。

(4) 行使

新株予約権の行使がなされると，当然に会社から株式の交付がなされるので，募集株式の発行のような手続は不要である。ただし，その行使は**「新株予約権の行使期間」（236条1項4号）に行使しないと，予約権そのものを失う**ことになる。なお，合併・分割・株式交換・株式移転の場合には，新株予約権は承継される（769条4項，774条4項）。

(5) 発行差止・無効・不存在

すべて募集株式の場合と同様である（247条，828条1項4号，829条3号）。

4. 社 債

（1）意義

　社債とは，「この法律の規定により会社が行う割当てにより発生する当該会社を債務者とする金銭債権であって，676条各号に掲げる事項についての定めに従い償還されるもの」と定義されている（2条33号）。

　特定の借入先から借金する（金銭消費貸借）のではなく，多数の一般**公衆から資金調達**するために，均一の小口に分割したうえこれを表章する証券が発行されるものが一般的であるが，特定の相手方に対して大口の資金調達をする場合もこれに該当する。株式は払込額が資本に組み入れられるが，**社債は会社の債務**である。

　また，会社法では，**株式会社以外の会社についても社債の発行を認めた**。

　なお，社債には，通常のもののほか，新株予約権付きのもの（238条1項6号）や担保付きのもの（担保附社債信託法により規定される）が存在する。

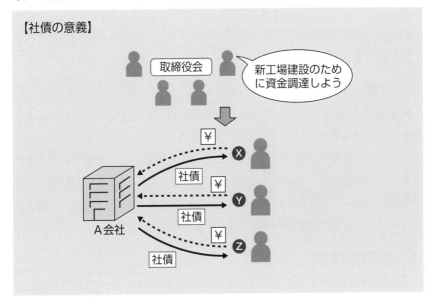

【社債の意義】

（2）発行

社債が大量に発行されると，会社は多額の債務を負担することになり，会社財産に大きく影響を及ぼすので，その発行にあたっては**株主の利益保護**が図られる必要がある。その一方で，会社の資金調達の迅速性・社債権者の保護も併せて考える必要がある。

社債の発行は業務執行事項に当たるから，基本的には**業務執行機関の決定事項**となり，取締役会非設置会社では取締役，取締役会設置会社では取締役会が決定する（348条1項，362条4項5号）。

（3）流通

社債はそもそも会社に対する債権であるから，社債の譲渡は，通常の債権譲渡と同様に，意思表示によって自由に行われる。ただし，会社・第三者に対しては，社債原簿（社債発行後作成される帳簿，681条）への記載・記録が対抗要件となる（693条1項）。また，会社の決定に基づいて社債券が発行される場合（676条6号）には，社債の譲渡には社債券の交付が効力発生要件となる（692条）。その社債が記名式社債券である場合には，社債原簿への記載・記録が会社に対する対抗要件となる。

（4）償還

社債権者は，期限が到来すればその償還を受け，それまでの間は利息の支払を受ける権利を有する。これらの事項は社債発行決議で定められる（676条）。そして，元本償還や利息の支払が遅滞した場合に備えて，社債権者の保護の観点から，社債管理者（原則として銀行または信託会社，703条）が設置されなければならない（702条）。社債管理者は，社債権者のための一切の裁判上または裁判外の行為をなす権限を有する（705条1項）。

（5）社債権者集会

同一の種類の社債につき当該社債権者により構成され，かつ当該種類の社債権者に対して効力ある決議をなす権限を持つ法定，臨時の集会である（715条，716条）。発行会社が利払いなどを怠ったときの措置等（739条1項等），社債

権者の利害に重大な関係のある事項について決議することができる。なお，決議は，議決権者の議決権の総額（社債金額の合計額）の過半数で決せられる。

ポイント整理

1 募集株式は，新株発行と自己株式の処分からなる。

2 募集株式・新株予約権の決定は株主総会特別決議（公開会社は取締役会決議）による。取締役への１年以内の委任も可能である。

3 募集株式・新株予約権の有利発行の場合には，取締役に説明義務がある。

4 不公正な株式募集・新株予約権発行には株主による差止請求が認められる。

5 株式募集・新株予約権発行の無効は，発行から６カ月以内に訴えによってのみ主張可能である。

6 社債の発行は取締役ないし取締役会が決定する。

7 株式会社以外にも社債の発行が認められる。

8 社債権者保護のため，社債管理者・社債権者集会の制度がある。

問題 株式会社の資金調達に関するア〜オの記述のうち，妥当なもののみをすべて挙げているのはどれか。なお，本問における会社とは，公開会社であるものとする。

（国Ⅰ平22）

ア　会社が株主に割当てを受ける権利を与えて，募集株式の発行を行う場合，権利を与えられた株主すべてに，当該株式を引き受ける義務が発生する。

イ　新株予約権は，払込金額の全額の払込み又は現物出資財産の給付があってはじめて効力を生ずるため，無償で割り当てることはできない。

ウ　募集株式の引受人が，会社に対する債権を有していた場合，当該引受人は，当該株式に関する払込債務について，当該債権を自働債権とする相殺を主張することができる。

エ　会社が特定の第三者に譲渡制限株式以外の株式を割り当てる場合，払込金額が株式を引き受ける者に特に有利な金額でなければ，募集事項の決定は，定款に特段の定めがない限り，取締役会の決議によりすることができる。

オ　会社が著しく不公正な方法による株式の発行を行うことにより，株式が不利益を受けるおそれがある場合には，株主は，法令又は定款に違反する発行でなくとも，会社に対して募集株式の発行の差止めを請求することができる。

1 ア，イ

2 ア，オ

3 イ，ウ

4 ウ，エ

5 エ，オ

・・

解説

ア　誤。会社法上，株式の割当てを受ける権利を与えられた株主に，株式を引き受ける義務は発生しない。当該株主は，申込期日までに申込みをしないと，募集株式の割当てを受ける権利を失うにとどまる（204条4項）。

イ　誤。新株予約権の募集事項には「募集新株予約権と引換えに金銭の払込みを要しないこととする場合には，その旨」を記載することが要求されている（238条1項3号）。したがって，募集事項に「金銭の払い込みを要しないこと」，つまり無償であることを記載すれば，無償による新株予約権の割当てが可能となる。

ウ　誤。募集株式の引受人は，募集株式の払込金額の払込みをする債務（払込債務）と株式会社に対する債権とを相殺することができない（208条4項）。したがって，募集株式の引受人は，株式会社に対する債権を自働債権とする相殺を主張できない。株式会社に対する現実の出資を確保するためである。

エ　妥当である。公開会社では，取締役会の決議により，募集株式の募集事項を決定できるのが原則である（201条1項）。ただし，払込金額が株式引受人に特に有利である場合（有利発行，199条3項）は，株主総会の特別決議が必要である（201条1項，199条2項，309条2項5号）。また，募集株式が譲渡制限株式である場合は，原則として種類株主総会の特別決議が必要である（199条4項，324条2項2号）。

オ　妥当である。募集株式の発行の差止めは，株式の発行が「法令又は定款に違反する場合」または「著しく不公正な方法により行われる場合」に請求することができる（210条）。したがって，株式の発行が著しく不公正であれば，法令・定款に違反していなくても，募集株式の発行の差止めを請求できる。

　以上より，妥当なものはエ・オなので，正解は**5**となる。

解答　5

15 組織変更・組織再編

各種の組織変更・再編によって，会社・株主などにどのような「変化」
が生じるのかに着目して学習しましょう。

1. 組織変更

　会社の組織変更とは，会社が同一性を保持しつつ，他の種類の会社に変わる
ことである（2条26号）。具体的には，**株式会社から持分会社**（合名会社・合
資会社・合同会社）へ，**持分会社から株式会社への変更**をいう。なお，法は，
持分会社内での変更（たとえば，合名会社から合同会社への変更）**は，組織変
更ではなく定款変更の問題として扱っている**（637条，638条）。組織変更は，
物的会社から人的会社への変更であるから，法律の定める手続によってのみこ
れをなすことができる（743条）。

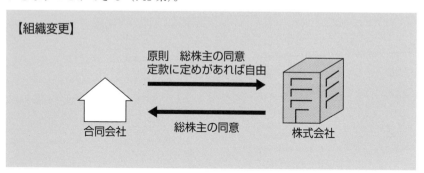

【組織変更】

　原則　総株主の同意
　定款に定めがあれば自由

合同会社　←　総株主の同意　→　株式会社

（1）株式会社から持分会社へ

　組織変更後の会社の種類などを定めた**組織変更計画の作成**（743条1項）→
組織変更効力発生日までの間計画書の備置（775条1項）→**総株主の同意**（776
条1項）・**新株予約権者などへの通知または公告**（776条2項・3項）・**債権者
の異議申立て手続**（779条）を経て，効力発生日に持分会社となる（745条1
項）。

なお，新株予約権者には，新株予約権買取請求手続（774条）が定められている。また，**株主は効力発生日に持分会社の社員または社債権者となり**（745条2項），会社は効力発生後2週間以内に組織変更前の会社の解散登記と変更後の会社の設立登記をしなければならない（920条）。

(2) 持分会社から株式会社へ

株式会社から持分会社への手続と同様の手続がとられる。しかし，**総社員の同意については，定款で別の定めをすることができる**としており，会社の自治が認められている（781条）。

2. 組織再編

会社の合併，会社分割，株式交換・株式移転を総称して会社の再編行為といい，企業活動を円滑に行うために，業務提携からさらに進める形で，会社同士でなされる。他の企業と何らかの意味で結合していない企業は存在しないといわれる現在の状況に合わせるため，会社法はこれらを規定しているのである。とりわけ，株式交換・株式移転は，平成9年の独占禁止法の改正に基づく**「純粋持株会社」の解禁**を受けて，このような会社を創設する手続として導入された。また，**事業の譲渡**も，別名準合併と呼ばれるほど企業の結合を促すものであるので，この節で触れることとする。

3. 合 併

合併とは，複数の会社が法定の手続に従って1つの会社となることをいう。合併には**新設合併**と**吸収合併**の2つの種類がある。合併する会社は，合併契約を締結しなければならない（748条）が，**株式会社・合同会社・合資会社・合名会社の間で自由にこの契約をなすことができる**。このため，手続的にも詳細な手続が規定されている。

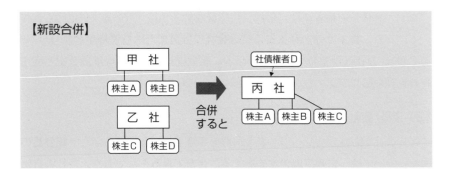

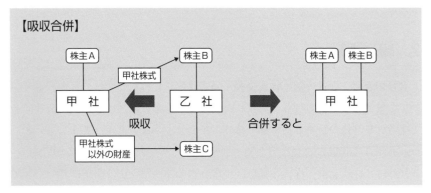

（1）新設合併

　当事者たる複数の会社がすべて解散し，**別に新会社を設立してその財産をすべて新会社が承継**する合併形態である。株式会社を設立する新設合併（753 条，754 条）と持分会社を設立する新設合併（755 条）がある。持分会社どうしで株式会社を設立することも可能である。

（2）吸収合併

　当事者たる複数の会社のうちの**１つの会社が存続し，他の会社はすべて解散して，解散した会社の財産をすべて存続会社が承継**する合併形態である。わが国の合併のほとんどは吸収合併によって行われる。

（3）手　続

　合併手続は，株主や会社債権者に多大な影響を与えるので，上述のように非常に複雑である。よって，公務員試験において必要と考えられるものを，他の組織再編行為とともにポイント整理に表にしてまとめた。これ以外では，吸収合併によって**消滅する会社の株主には，存続会社の株式だけが対価となるものではなく，その社債，新株予約権，あるいは現金を対価とすることも許される**（対価の柔軟化，749条1項）点が重要である。

（4）三角合併

　商法改正により対価の柔軟化が導入された。これによりいわゆる三角合併が可能となった。外国資本による買収増加を恐れて経済界が反対していたが，2007年5月から解禁となっている。

　三角合併とは，存続会社が合併で消滅する会社の株主に対して，存続会社自身の株式ではなく，存続会社の親会社の株式を交付する方法をいう。外国企業がこの方法を使用すれば，多額の現金を使った買収をしなくても自社株を使って日本にある子会社と日本企業を合併させて傘下におさめることが可能になる。

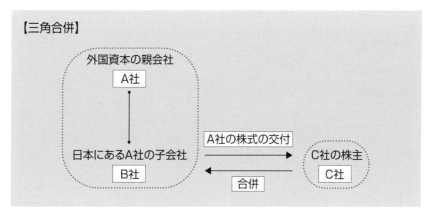

4. 会社分割

　会社分割とは，**その事業の全部または一部を他の会社に承継させる組織法上の行為**である。この会社分割にも，事業を承継する会社が新設される場合（新設分割，762条）と，既に存在する他の会社（承継会社）である場合（吸収分割，757条）の2種類がある。会社分割にもいくつかのバリエーションがあり複雑なので，ポイント整理の表を参考にしてほしい。

5. 株式交換・株式移転

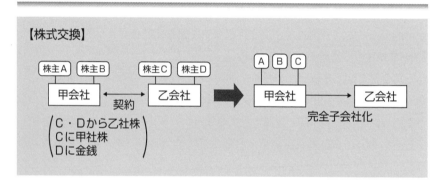

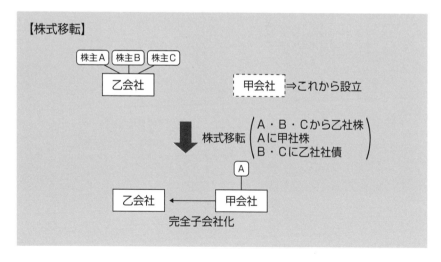

　株式交換とは，株式会社がその発行済株式の全部を他の株式会社または合同会社に取得させることをいう（2条31号）。また，株式移転とは，1または2以上の株式会社が，その発行済株式の全部を新たに設立する株式会社に取得させることをいう（2条32号）。

　2. で述べたように，平成9年の純粋持株会社解禁に伴い，**株主総会の特別決議による会社の完全子会社化を強制的に達成するための手法**である。

　これらの手続きについても，ポイント整理の表にまとめておいた。また，この場合にも，完全子会社となる会社の株主への**対価の柔軟化**が図られている（768条1項2号，773条1項5号以下）。さらに，合同会社も株式交換による完全親会社になることができる（767条）。

6. 事業譲渡

（1）手続

　株式会社において，事業の全部の譲渡や事業の重要な一部の譲渡などをなすためには，**株主総会の特別決議**が必要である（467条1項，309条2項11号）。決議なしに行われた事業譲渡は，会社の業務執行の一環ではあるものの，会社の将来に重要な影響を及ぼすものであることから，株主保護のためにこのような規定が置かれた。このような事業譲渡は，準合併と呼ばれるほどに合併と類似するが，以下の点で，合併と異なる。

　1）合併は権利義務を一括して承継するが，事業譲渡は会社間の債権契約として行われ，**個々の権利義務が個別的に承継**されるにすぎない。

　2）合併には，債権者保護手続があるが，事業譲渡にはない。

　なお，改正前商法では「営業」の概念を用いていたが，「事業」という概念に改めた。ただし，営業概念の判例の考え方（最大判昭40.9.22，最判昭46.4.9）は，会社法の「事業」においてもあてはまる。

（2）詐害事業譲渡（平成26年改正）

　詐害事業譲渡とは，譲渡会社が，譲受会社に承継されない債務の債権者（残存債権者）を害することを知りながら，事業の譲渡を行うことである。

詐害事業譲渡が行われた場合，**残存債権者は，譲受会社に対して，承継した財産の価額を限度として，自己の債権の履行を請求**することができる。ただし，譲受会社が，事業譲渡の効力が生じた時点において，残存債権者を害すること（平成 29 年民法改正に伴い，文言変更）を知らなかったときは，履行責任が生じない（23 条の 2 第 1 項）。

また，上記の残存債権者による履行請求権は，譲渡会社が詐害事業譲渡をしたことを知った時点から 2 年を経過したとき，または事業譲渡の効力が生じた日から 10 年（平成 29 年民法改正に伴い，20 年から 10 年に変更）を経過したときに消滅する（同条 2 項）。

7. 略式組織再編と簡易組織再編

組織再編において，会社当事者間に**特別支配**の関係（完全子会社の株式の90％以上を完全親会社が保有する場合）がある場合には，組織再編に必要な株主総会決議は不要である（略式組織再編，468 条 1 項，467 条，796 条 1 項など）。

また，対価が純資産の 5 分の 1 を超えない場合には完全親会社の株主総会決議は不要である（簡易組織再編，796 条 3 項など）。

8. 特別支配株主の株式等売渡請求権

特別支配株主の株式等売渡請求権とは，特別支配株主（総株主の議決権の10 分の 9 以上の株式を有する者）が，他の株主全員（売渡株主等）に対し，現金を対価として，その保有する株式の全部を自己に売り渡すことを請求できるとする制度である。平成 26 年改正で新たに導入された制度で，特別支配株主が会社の全株式を取得するための簡易な手続を認めたものである。

特別支配株主は，株式等売渡請求をしようとするときは，取得日（特別支配株主が売渡株式等を取得する日）などを定め（179 条の 2 第 1 項），その旨を会社に通知し，会社の承認を求める。株式等売渡請求をするには当該会社の承認が必要となるからである（179 条の 3 第 1 項）。なお，当該会社が取締役会設置会社であるときは，当該会社の承認は取締役会の決議によらなければなら

ない（同条3項）。

　承認を求められた会社は，特別支配株主に対して，株式等売渡請求の承認ま
たは不承認を通知する（同条4項）。そして，承認をした会社は，取得日の20
日前までに，売渡株主等に対して通知するか，または公告をしなければならな
い（179条の4第1項，第2項）。さらに，承認をした会社は，通知または公
告の日から取得日の6か月後（非公開会社の場合は1年後）まで，特別支配株
主の氏名等を記載した書面または電磁的記録をその本店に備え置かなければな
らない（179条の5第1項）。

9.　組織再編を争う手段

　組織再編については，株主および会社債権者などの利益を守るための手続が
定められている。この手続を無視した組織再編が行われる場合について，従来
は組織再編が完了した（効力が生じた）後に**組織再編無効の訴え**（**合併無効の
訴え**，**会社分割無効の訴え**，**株式交換無効の訴え**，**株式移転無効の訴え**など）
を提起する手段が定められているのみであった。

　しかし，平成26年改正で，組織再編が完了する前に，株主による組織再編
の差止請求が認められることになった。具体的には，組織再編（簡易組織再編
を除く）が法令または定款に違反する場合などにおいて，株主が不利益を受け
るおそれがあるときは，株主が，会社に対して，組織再編をやめることを請求
することができる（796条の2，805条の2）。

　これに対し，組織再編が完了した後については，株主または組織再編を不承
認とした会社債権者などに限って，組織再編の**効力発生時から6カ月以内**に，
組織再編無効の訴えを提起することによってのみ，組織再編を否定する（無効
とする）ことができる（828条1項，2項）。また，組織再編の無効が確定し
たときは，**将来に向かって組織再編が無効となる**（**将来効**，839条）とともに，
第三者に対しても無効の効力が及ぶ（**第三者効**，838条）。

　組織再編の効力発生後は，組織再編が有効であることを前提に多数の法律関
係が形成されるので，無効を主張する原告適格及び期間を制限し，かつ無効判
決の遡及効を否定している。

1 組織変更には，原則として，総株主ないし総社員の同意が必要である。

2 持分会社から株式会社への組織変更は定款で自由に決めてよい。

3 組織再編には，株主総会の特別決議が必要である。

4 組織再編に伴う対価については，柔軟化が図られている。

5 組織再編のまとめ

	合併		分割		株式交換	株式移転
	新設	吸収	新設	吸収		
株主はどうなる	原則新設会社の株主	原則存続会社の株主	株主の地位は変わらない		原則として完全親会社の株主となる	
株式買取請求権	あり					
債権者保護手続	あり		あり		一定の新株予約権付社債権者についてあり	
効力発生	設立登記日	契約で定められた日	設立登記日	契約で定められた日	契約で定められた日	設立登記日
無効の訴え	あり					

第2章

手形・小切手法

本章で学習する手形・小切手法の究極の目的は，手形取引をいかに保護するか，という点にあります。平成25年以降に出題がありません。出題のウエイトは低下していると思われます。

手形・小切手の意義・性質，手形行為

本節では，手形・小切手とは何か，手形に関する法律行為（手形行為）は，民法と比べてどんな特色をもち，どのようになすのかという点について学習します。

1. 意 義

・約束手形…振出人が一定の金額を一定の期日（満期）に支払うことを約束する証券（**支払約束証券**）である。

・為替手形…振出人が自分で支払うことを約束するのではなく，振出人が一定の金額の支払いを他人（支払人）に委託する証券（**支払委託証券**）である。

・小切手…振出人が一定の金額の支払いを支払人（銀行）に委託する証券（**支払委託証券**）である。

〈約束手形〉

2. 異 同

手形・小切手では，**一定金額の支払いを目的とする有価証券である**という点で共通している。

しかし，その他さまざまな点で異なっている。相違点を簡単にまとめると以下のようになる。

〈手形・小切手の異同〉

	約束手形	為替手形	小切手
法律的構造	支払約束証券 当事者：振出人, 　　　　受取人	支払委託証券 当事者：振出人, 受取人, 支払人	
主債務者	振出人	引受けをした支払人（振出人は遡求義務者にすぎない）	いない （小切手の信用証券化を防ぐため, 引受けを禁止しており〈小切手法4条〉,振出人も遡求義務者にすぎない）
受取人の表示	無記名式, 持参人払式は認められない。		持参人払式, 無記名式, 記名持参人払式も認められる（小切手法5条）
満　期	一覧払, 一覧後定期払, 日付後定期払, 確定日払の4種類（手形法33条）		一覧払（小切手法28条）
遡　求	支払拒絶による遡求	引受拒絶による遡求	支払拒絶による遡求
経済的機能	主に信用の手段	信用の手段 送金・取立ての手段	支払いの手段

3. 法的性質

　手形・小切手は，有価証券のなかでも，最も有価証券性が徹底されたものである。すなわち，証券の作成・交付によって**権利が創設**され（**設権証券**），原因関係の不存在・無効・取消しによって証券上の権利は当然に消滅しない（**無因証券**）。原因関係上の抗弁は，その当事者間では人的抗弁として主張できるが，善意の第三者に対しては主張できず（**文言証券**），また権利の行使に際しては，証券の呈示を要し（**呈示証券**），かつ証券と引換えでなければ支払いを受けることができない（**受戻証券**）とされている。

4. 手形行為の意義・種類

　手形上（小切手上）の債務の負担を目的とする行為を，**手形行為（小切手行為）**という。

手形行為の種類は，法定されている。

- ・約束手形…振出し，裏書，保証
- ・為替手形…振出し，引受け，裏書，保証，参加引受
- ・小切手…振出し，裏書，保証，支払保証

5. 手形行為の特色

（1）書面行為性

　手形は有価証券であり，これは無形の権利を有形の証券に有形化したものである。この権利の有形化は，手形においては，**書面行為**，すなわち**書面による意思表示**によって実現する。

（2）要式証券性

　手形は**厳格な要式証券**とされており，各手形行為の方式は法定されていて，**この方式を欠くときには手形行為としての効力を生じない**ものとされている（振出しにつき手形法1条・75条，裏書につき手形法13条，引受けにつき手形法25条，保証につき手形法31条，参加引受につき手形法57条を参照）。

（3）無因性

　原因関係の存否，有効，無効は手形関係の効力になんら影響を与えない。

```
―［ケース1］―――――――――――――――――――――――――――――――――
　A・B間で，商品の売買がおこなわれ，Aはその売買代金の支払いのために，約束手形を振り出した。その後，Bが履行期になっても商品を引き渡さないので，Aは売買契約を解除した。
```

　この場合，Aの手形上の債務は，売買契約に基づく代金債務とは無因的に

発生しているので，売買契約が解除されて代金債務が消滅しても，依然として存続している。

(4) 文言性

手形上の法律関係は，もっぱら手形上の記載によって決まる。

― ［ケース2］ ――――

　A・B間で，商品の売買がおこなわれ，Aはその売買代金の支払いのために100万円の約束手形を振り出した。その後，A・B間の交渉により売買代金が80万円に改められた。

この場合，手形上の記載が100万円である以上，Aは依然として100万円の手形債務を負担している。

(5) 独立性

手形に，手形債務を負担する能力のない者の署名，偽造の署名，仮設人の署名その他の事由により手形の署名者もしくはその本人に債務を負わせることができない署名がある場合でも，他の署名者の債務はそのために無効とならない（**手形行為独立の原則**，手形法7条）。

― ［ケース3］ ――――

　XはAの署名を偽造してBに約束手形を振り出し，BはCにこの手形を裏書した。

この場合，Aの署名に偽造があり，Aは手形上の債務を負担しないが，Cは手形行為独立の原則によりBに対して請求できる。

6. 手形行為の成立要件

(1) 署　名

① 署名・記名捺印

すべての手形行為に共通して署名が必要である。

手形法において，署名とは，本来の署名のほか，**記名捺印をも含む**（手形法82条）。

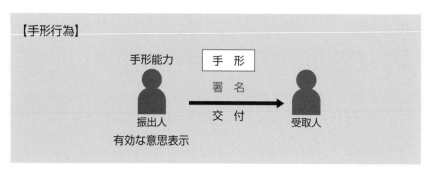

【手形行為】

━本来の署名…行為者が自己の名称を自ら手書きすること，すなわち**自署**である。

━記名捺印…行為者が自己の名称をなんらかの方法で記載し，これに行為者の印章を押印することである。

　行為者の名称は，社会通念上その行為者を識別できる名称であればよく，通称・雅号・芸名などでもよいと解されている（通説）。

② 署名の代行

> ［ケース4］
>
> 　Bは，Aに代わって，振出人Aの署名（本来の署名）をして，手形を振り出した。

　このような場合を，**署名の代行**という。署名の代行は認められるか，については争いがあるが，判例は，権限を与えられた他人による署名の代行を認めている（大判大 4.10.30）。

　上記設例で，BがAから署名の代行権限を与えられていた場合には，A振出の手形が有効に成立する。

③ 捺印

　捺印は，必ずしも実印によることを要せず，いわゆる三文判のようなものでよい（大判昭 8.9.15）。

拇印も認められるか，には争いがあるが，判例は，拇印は特別の技能を要するものでなければ，その異同・真偽を鑑別できず，高度の流通性をもった手形における行為者の同一性認識の表示方法として不適当であるという理由で，拇印を記名捺印中の捺印には含まれないとする（大判昭7.11.19）。

④　法人の署名

法人の手形行為は，法人の代表機関が法人のためにすることを示して**代表機関の署名**をする必要があるとするのが，通説・判例（最判昭41.9.13）である。

それゆえ法人では，「甲株式会社　代表取締役A㊞」や「甲法人　理事長A㊞」のような署名がなされることになる。

（2）手形の交付欠缺

［ケース5］

振出人Aは，作成した手形を机の引出しに入れていたが，何者かがこれを盗取し，受取人の裏書署名を偽造して流通においた。

この場合，Aは，善意の手形取得者Bに対して手形債務を負うか。

手形上の債務が発生するために必要な行為は何か，という問題を手形理論といい，さまざまな見解が主張されているが，本テキストでは，**交付契約説**からの説明にとどめる。

手形上の債務は，手形の授受という方式でなされる契約によって発生する交付契約説を貫くと，上記設例のような**交付欠缺**の事例では，手形署名者は，善意の手形取得者に対しても手形債務を負わないことになる。しかし，この結論が，手形取引の安全を害するものであることを考慮し，**権利外観理論**によって補充するものが多い。

権利外観理論によると，交付契約があるかのごとき**外観が存在**し，その外観作出について**帰責性**のある者は，**外観を信頼**して手形を取得した**善意・無重過失**の第三者に対して，手形上の責任を負わなければならないとされる。

上記設例でいうと，Aが署名した手形は，完全な形式を有しており，これが流通におかれたときには，交付契約があるかのごとき外観が生じてしまう。

そこで，手形に署名することにより外観作出に帰責性のあるＡは，善意・無重過失の手形取得者Ｂに対して手形上の責任を負わなければならないということになる。

(3) 手形能力

① 手形権利能力

手形法には特別の規定がないので民法上の権利能力と対応する。自然人はすべて権利能力を有するので（民法１条の３），当然に手形権利能力もある。

法人は，定款所定の目的の範囲内で権利能力を有する（民法43条）とされるが，今日では法人の目的の範囲いかんにかかわらず，法人はつねに手形権利能力を有すると解されている。

② 手形行為能力

手形行為能力につき，特別の規定はなく，**民法の行為能力の規定**に従って処理される（未成年者につき民法４条・６条，被後見人につき民法９条）。

被保佐人の手形行為に民法12条の適用があるか，は争いがあるが，手形の振出し・引受け・裏書のように手形債務を負担する行為は民法13条にいう「借財」にあたり，無担保裏書も同条の「重要なる動産に関する権利の得喪を目的とする行為」にあたるとして，保佐人の同意を要すると解するのが通説である。

(4) 手形行為と民法の意思表示

手形行為について，民法の意思表示に関する一般原則が適用されるのか，については争いがある。

この点，民法の規定をそのまま適用したのでは，錯誤や強迫のように善意の第三者の保護が十分でなく，手形取引の安全が害される。そこで，この不都合を回避するため，さまざまな法律構成により善意の手形所持人を保護することが試みられている。

一例を挙げれば，民法によると無効とされる場合には権利外観理論を適用し，善意の手形所持人の救済を図っている法律構成である。

7. 他人による手形行為

（1）代理方式

① 形式的要件

本人のためにすること（代理関係）を**手形上に記載**し（たとえばA代理人B），その他人（代理人）が自己の署名または記名捺印をすることが必要である。

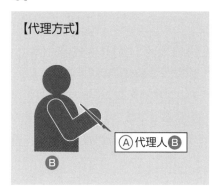

【代理方式】

Ⓐ代理人Ⓑ

Ⓑ

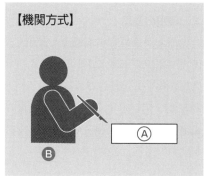

【機関方式】

Ⓐ

Ⓑ

法人の代表機関が法人の手形行為をする場合には，必ず代理方式によることを要するとするのが通説・判例（最判昭41.9.13）であることは前述した。

代理（代表）関係の表示としては，「A代理人B」「A株式会社代表取締役B」のように代理または代表関係を直接意味する文字が用いられていれば最も明確であるが，それに限らず，署名者が自己のためでなく，代理人・代表者として本人のために手形行為をしていることを認識できるような記載がしてあればよい（大判明40.3.27）。

判例では，振出人が「合資会社安心荘斎藤シズエ（斎藤名の印）」の形式の手形につき，手形上の表示からは会社の署名とも個人の署名とも解せるとして，このような場合，手形取引の安全のため手形の所持人は会社および代表者個人（斎藤は同会社の無限責任社員）のいずれに対しても，手形金の請求ができる。そして請求を受けた者は，いずれの趣旨で振り出されたかを知っていた直接の相手方に対してのみ，その旨の人的抗弁を主張することができるという

立場をとっている（最判昭47.2.10）。

② **実質的要件**

　本人に手形行為の効果を帰属させるには，代理人・代表者として署名する者が，本人のために手形行為をなす権限（代理権・代表権）を有していることが必要である。

　この権限を欠く場合には，後述する無権代理の問題となるが，本人が追認すれば，初めに遡って手形行為は本人に帰属することになる。

③ **権限の濫用**

　代理人がその有する権限を濫用し，自己または第三者の利益を図る目的で，代理関係を表示して手形行為をした場合，**民法93条但書の類推適用**により，直接の相手方が善意であっても，軽過失があれば代理行為の効果を本人は否認できる（最判昭42.7.6）が，その後の第三者に対しては，手形法17条但書の規定に則り，手形所持人の悪意を立証してのみその責任を免れ得る，とするのが判例である（最判昭44.4.3）。

④ **無権代理**

　1）無権代理の本人の責任

ア．一般原則

　┌ 原則…**無権代理**の手形行為は無効であり，本人は手形上の責任を負わない。

　└ 例外…次の2つの場合には本人は手形上の責任を負う

　　　　ⓐ本人が事後に追認をした場合

　　　　ⓑ表見代理が成立する場合

イ．表見代理

［ケース6］

　AはB名義の当座勘定口座を利用して小切手を振り出す権限のみを有していたが，株式会社甲（Aはその代表者）に対し，B名義の約束手形を振り出し，これをCに裏書譲渡して金融を得た。

　無権代理人による手形行為にあっては第三者が表見代理人につき代理権を有することを信頼し，かつそのように信頼したことにつき過失がない場合には，**表見代理の規定**（民法109条，同110条，同112条，商法13条，354条）の適用がある。

　もっとも，表見代理の適用によって保護される**第三者の範囲**については争いがある。

　この点，学説は無権代理人の直接の相手方だけでなくその後の取得者も第三者に含まれるとするが，**判例は，手形行為についても民法の基本的な解釈をそのままあてはめ，無権代理人の直接の相手方が善意・無過失のときのみ，表見代理が成立する**と解している（最判昭52.12.9）。直接の相手方について表見代理が成立しない場合に，その後の取得者が代理人の代理権限について信頼するということは考えにくいからである。

　もっとも，手形上は間接の当事者であっても，実質的取引において無権代理人の相手方である場合を含むと解している（最判昭45.3.26）。

　上記設例は，この判例の事案である。本人Bと手形の所持人Cとは，無権代理の直接の相手方ではないが，甲株式会社とAとは一体であるので，実質的取引においてCは直接の相手方と同視できる。そこで判例は，CがAにB名義の手形振出の権限があると信じたことについて正当の理由があるときには，本人Bは振出人として手形上の責任を負うとした。

2) **無権代理人の責任**

　ア．内容

　　無権代理人が代理人として手形に署名した場合は，自ら手形上の責任を負担しなければならない（手形法8条第1文）。

　　代理人は，自ら債務を負担する旨を手形に記載して署名していないので，本来手形上の債務を負担しないはずである。しかし，手形取引の安全のた

め手形上に本人として表示された者が手形債務を負担するかのごとく表示したことに対する**法定の担保責任**を負うとしたのである。

　本人に表見代理が成立する場合に，無権代理人は責任を負わないでよいか，については争いがあるが，判例（最判昭33.6.17）は，**手形の所持人は表見代理を主張して本人の責任を問うこともできるし，これを主張しないで無権代理人の責任を問うこともできる**としている。表見代理は、善意の相手方を保護する制度であるから，表見代理が成立すると認められる場合でも主張をするかどうかは手形所持人の自由だからである。

イ．本人不存在

　本来，無権代理とは，本人が実在している場合であるが，手形上に本人として表示された者が実在しない場合にも，代理人として手形行為をした者は，手形信用確保のために**手形法8条の類推適用**により，手形上の責任を負担しなければならないとするのが判例である（最判昭38.11.19）。

ウ．権限外の代理

［ケース7］

　AはBから100万円の手形を振り出す代理権を与えられていたが，300万円の手形を代理人として振り出してしまった。手形所持人Cは，越権代理人A，本人Bに対して，いかなる金額の手形金請求をすることができるか。

　この場合，本人Bは，代理人の越権行為があったからといって代理権の範囲である100万円については，手形金の請求を拒むことができない。

　しかし，越権部分については，Bが追認せず，または表見代理が成立しないかぎり，Bは責任を負わず，越権代理人AがBに代わって手形上の責任を負うことになる（手形法8条第3文）。

　このとき，Aに請求できる額を200万円とすると，手形の所持人Cは，AとBに別個に請求しなければならなくなり不利であるので，越権代理人Aに対し，全額の300万円について手形金の請求をすることができると解されている。

（2） 機関方式

① 形式的要件

　他人が直接本人名義の署名または記名捺印を代わっておこない，手形上の記載からは本人自らが署名したように表示する方式である。

　本人が個人の場合には，他人が直接本人名義の署名，記名捺印を代わっておこなうこと（**署名の代行**）ができるが，法人の場合には，代理方式（A株式会社代表取締役B）に限られ，機関方式で手形行為をすることはできない，とするのが判例であることは前述した。

② 実質的要件

　手形行為の効果が本人に帰属するには，機関方式で手形行為をする者は，単に代理方式で手形行為をする権限を有するだけでは足りず，**機関方式で手形行為をする権限**を有していなければならない。

　もっとも，代表取締役や支配人のように包括的・不可制限的な権限を有する者は，このような権限も有することになる。

③ 偽　造

　1）意義

　　手形の**偽造**とは，自らはその手形について債務負担の意思がない者が，権限なく他人名義の手形行為をすることである。

　　他人名義の手形行為を自己の手形行為とする意思でする場合は，当該名義に**慣用性**が認められれば別名使用による行為者自身の有効な手形行為であり，偽造ではない（最判昭43.12.12）。

> ※**無権代理との区別**
>
> 　無権限者による代理方式の手形行為の場合が無権代理であり，無権限者による機関方式の手形行為の場合が偽造である。

　2）**被偽造者の責任**

　　**被偽造者は自ら署名もしてないし，他人に自己へ署名の代行権限を与え

たわけではないので，原則として，手形上の責任を負わない。ただ判例は，例外的に手形上の責任を負うことを**民法の表見代理に関する規定を類推適用**することによって基礎づけている（最判昭43.12.24）。無権代理と偽造はいずれも無権限者による本人名義の手形振出において差異はないからである。

3）偽造者の責任

　　かつての判例は，偽造者は手形上に自己の署名をしたのではないから，手形上の責任を負うことはなく，不法行為に基づく損害賠償責任を負うにすぎないとしていた。**偽造者の責任について規定はないが，無権代理人の責任についての手形法8条を類推適用して，手形上の責任を負うとするのが判例**（最判昭49.6.28）である。

　　手形法8条の無権代理人の責任は，本人が手形債務を負担するかのごとき虚偽の外観を作り出したことに対する法定の担保責任であり，**偽造者は，より直接的な形で名義人（被偽造者）が責任を負うかのごとき虚偽の外観を作り出している**ので，偽造者に手形上の責任がないとするのは衡平に反するからである。

　　そうすると手形行為の文言性に反するとも考えられるが，文言性は手形行為の安全のために認められるのであり，自己の手形債務を免れるための根拠ではない。

④　変　造

――［ケース8］――――――――――――――――――――――――――

　AはBに手形金100万円の約束手形を振り出したが，CがBから盗取し200万円と改ざんしてBC間で裏書を偽造し，Dに譲渡した。

――――――――――――――――――――――――――――――――――

　　有効に成立した手形上の記載（債務の内容）を権限なく変更することを手形の変造という。

　　手形の変造がなされたときには，変造前の署名者は**原文言に従い**，変造後の署名者は変造後の現文言に従い責任を負う（手形法69条）。

　　設例でAは100万円の手形金支払義務を負う。これは，手形の文言が権限の

ない者によってほしいままに変更されても，いったん有効に成立した手形債務の内容に影響を及ぼさない法理を明らかにしたものである，とするのが判例である（最判昭 49.12.24）。

◇◇◇◇ ポイント整理 ◇◇◇

1 　約束手形が支払約束証券であるのに対して，為替手形・小切手は支払委託証券である。

2 　約束手形・為替手形が，信用の手段として利用されるのに対して，小切手は，もっぱら支払いの手段としてのみ利用される。

3 　手形行為には，書面行為性，要式行為性，無因性，文言性，独立性の特色がある。

4 　自然人の署名は，署名の代行が許されるが，法人の署名は，必ず代理方式でなされなければならない（判例）。

5 　手形権利能力，手形行為能力については，民法の規定が適用される。

6 　代理人が権限を濫用して手形行為をした場合，民法 93 条但書の類推適用を受ける（判例）。

7 　手形行為の無権代理の場合，表見代理の適用がある第三者の範囲は，民法の解釈同様，無権代理人の直接の相手方に限るとするのが判例である。

8 　本人に表見代理が成立する場合にも，無権代理人は，その責任を免れない（判例）。

9 　手形偽造の場合，偽造者には手形法 8 条，被偽造者には表見代理の規定が類推適用される手形上の責任を負う（判例）。

Exercise

問題　手形に関する次の記述のうち，妥当なのはどれか。

1 法人の代表機関が，法人の手形行為をする場合には，必ず機関方式によることを要し，代理方式は許されないとするのが判例である。

2 会社の署名とも個人の署名とも解される署名がなされている場合，手形所持人は会社に対して請求すべきであるとするのが判例である。

3 代理人が与えられた代理権を越えて手形行為をした場合，本人の追認あるいは表見代理が成立しない限り，本人が権限踰越部分につき責任を負うことはない。

4 手形を偽造した者は，民法上不法行為責任を負うことがあっても，偽造者の責任を明示する規定がない以上，手形法上の責任を負うことはないとするのが判例である。

5 手形行為に関して，本人に表見代理が成立する場合には，手形所持人の信頼は保護されるので，さらに無権代理人に対して手形上の責任を追及することはできないとするのが判例である。

• •

解説

1 誤。法人の代表機関が法人の手形行為をする場合には，必ず代理方式によることを要するとするのが判例（最判昭41.9.13）である。およそ，法人の行為は，代表機関の行為によって実現され，書面行為である法人の手形行為にあっては，手形上その点を明らかにする必要があるからである。代表機関という言葉から機関方式であると勘違いしないようにしたい。法人（株式会社等）が手形行為をするときの署名の方式は，代理と同様であり，たとえば，「株式会社甲代表取締役乙」というように会社名を示し，代表関係を表示することになる。

2 誤。判例は，「合資会社安心荘　斎藤シズエ（斎藤名の印）」の形式で振り出された手形の事案につき，会社の署名とも個人の署名とも解せるとして，このような場合，手形の所持人は，手形の表示から会社及び代表者個人（斎藤は同会社の無限責任社員）のいずれに対しても手形金の請求ができ，請求を受けた者は，いずれの趣旨で振り出されたかを知っていた直接の相手方に対してのみ，その旨の人的抗弁を主張できるという立場をとっている（最判昭47.2.10）。手形取引の安全を保護するためである。

3 妥当である。例外的な場合（本肢のような追認・表見代理の成立）を除いて，無権代理における本人は，手形上の責任を負わない。

4 誤。偽造者の責任について手形法上,直接の規定はないが,無権代理人の責任についての手形法8条を類推適用して手形上の責任を負うとするのが判例（最判昭49.6.28）である。手形法8条の無権代理人の責任は,代理方式の署名を通じて本人が手形債務を負担するかのごとき虚偽の外観を作り出したことに対する法定の担保責任であるところ,偽造者は,無権代理人よりも直接的な形で名義人（被偽造者）が責任を負うかのごとき虚偽の外観を作り出しており,同条を類推する基礎が認められるからである。

5 誤。本人に表見代理が成立する場合に,無権代理人は責任を負わなくてよいか,という点については争いがある。判例（最判昭33.6.17）は,手形の所持人は,表見代理を主張して本人の責任を問うこともできるし,これを主張しないで無権代理人の責任を問うこともできるとしている。要するに,無権代理人側が表見代理を主張して自らの責任を免れることはできない。

解答 3

手形・小切手法

2 約束手形の振出し・裏書

本節では，手形行為のなかで最も重要な手形の振出しと裏書について学習します。ここはさまざまな論点がありえるので，条文・判例を押さえましょう。

1. 振出しの意義・効力

（1）意 義

約束手形の振出しは，約束手形の基本手形を作成してこれを受取人に交付する行為であり，手形金額の支払義務の負担を目的とした手形行為である。

（2）効 力

約束手形の振出人は，振出しにより，満期において手形金額の支払いをなす義務を負う（手形法78条1項，28条1項）。

約束手形の振出人の義務は，次の点で裏書人や為替手形の振出人などの負担する償還義務とは異なる。

― 第1次的・無条件の義務 …振出人は，いちばん最初に，かつ無条件で手形金の支払請求を受ける。

― 絶 対 的 な 義 務 …時効消滅しないかぎり，**支払呈示期間**を経過しても債務は消滅しない。

― 最 終 的 な 義 務 …振出人以外の者が手形金の請求に応じても，最終的には振出人に求償（遡求）する。

※手形債務の厳格性を緩和するため手形については**特別な短期消滅時効**期間が定められている。約束手形の振出人に対する債権は**満期から3年**である（手形法77条1項8号，70条1項）。

(3) 手形関係が原因関係に及ぼす影響

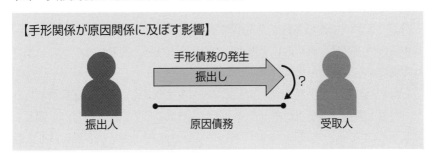

【手形関係が原因関係に及ぼす影響】

手形債務の発生

振出し

振出人　　　　原因債務　　　　受取人

　既存債務の履行に関し，手形が授受された場合に原因関係に対し，いかなる影響を及ぼすかは当事者の意思が基準となる。

　手形の振出しには，次の3つの場合がある。

①**支払いのために**（広義）…**原因債務と手形債務の併存**を認める。

②支払確保のために

　┌支払いのために（狭義）…手形債権を先に行使することを要する。
　└支払担保のために…原因債権と手形債権のいずれを先に行使してもよい。

③**支払いに代えて**　　　　…手形債務の成立により，**原因債務の消滅**を認める。

　手形の授受があっても必ずしも手形金の支払いがあるとは限らないので，当事者の意思が明白でないときは，手形は既存債務の「支払確保のために」交付されたものと推定される（大判大7.10.29）。

　手形がその原因債務の支払確保のために振り出された場合には，債権者は両債権のうち，いずれを先に行使しても差し支えない（「支払担保のために」）とするのが判例（最判昭23.10.14）であるが，この手形がさらに裏書された場合や，第三者（銀行）が支払担当者として記載されているとき（手形法77条1項・2項，4条）は，手形債権を先に行使すると期待するのが通常なので，「支払いのために」振り出されたと推定すべきである（通説）。

2. 基本手形

　振出しによって作成され，全手形関係の基礎をなす手形を基本手形という。基本手形の内容は，直接的には振出しの内容をなすが，同時にそのうえになされる他のすべての手形行為の内容をなす。

　したがって，基本手形について下記で述べる手形要件（必要的記載事項）を欠いたり有害的記載事項があったりすると，約束手形の振出し自体が無効となり（手形法75条，76条），これに基づいてなされたすべての手形行為も無効となる。

（1）必要的記載事項

　約束手形の手形要件は手形法75条に列挙されている以下の①〜⑧の事項である。これらは**手形上に記載しないと手形自体が無効となる**ので必要的記載事項ともいう。

　①約束手形文句（75条1号）

　　約束手形であることを示す文字である。

　②手形金額（75条2号）

　　支払いを約束する一定の金額である。

　　手形に金額が複数記載された場合，数字または文字のみで複数記載されているときは，最少額が手形金額となる。一方で，文字と数字で記載されているときは，文字による記載額が手形金額となる（77条2項・6条）。

　③満期（75条3号）

　　手形金額が支払われるべき日として手形上に記載された日（支払日）である。

　④支払地（75条4号）

　　満期において手形金額が支払われるべき地域である。

　⑤受取人（75条5号）

　　手形の支払を受け，または支払を受ける者を指図する者として，手形上に記載される者である。

　⑥振出日（75条6号）

手形が振り出された日として手形に記載される日である。

⑦振出人の署名（75条7号）

署名には，本来の署名たる自署のほか，記名捺印を含む。記名拇印は署名に含まれない。

(2) 有害的記載事項

有害的記載事項とは，手形上に記載することによって，手形自体の効力が破壊される，つまり**手形が無効**になるものをいう。

手形行為の特色（要式証券性・無因性・文言性等）に反する記載（手形の効力を原因関係にかからせること，支払を条件または反対給付にかからせること，免責文句など）や，分割払いとする旨の記載（77条1項2号・33条）などが有害的記載事項となる。

(3) 無益的記載事項

無益的記載事項とは，手形上に記載されても無視されるもの，つまり**記載されなかったとみなされる**ものをいう。有害的記載事項と異なり，無益的記載事項が記載されていても手形の効力に影響はない。無益的記載事項として，確定日払または日付後定期払の手形における利息文句（77条2項・5条2項）などがある。

(4) 有益的記載事項

有益的記載事項とは，**手形上に記載されれば，その記載された内容の手形上の効力が認められる**ものをいう。有益的記載事項として，振出人の名称に付記した地（肩書地，76条4号），指図（裏書）禁止文句（77条1項1号・11条2項），第三者方払文句（支払場所の記載，77条2項・4条），拒絶証書作成免除文句（77条1項4号・46条）などがある。

3. 白地手形

（1）意 義

　署名はするが，他の手形要件（たとえば，金額欄，満期日）の全部または一部を空白のままにして流通におき，その補充を取得者にゆだねる場合があり，このような証券を白地手形という。

　白地手形は，後に補充が予定されている**未完成な手形**であって，完成したが要件の欠けている**不完全手形**と異なり，**有効**である。

> ［10条］
> 　未完成ニテ振出シタル為替手形ニ予メ為シタル合意ト異ル補充ヲ為シタル場合ニ於テハ其ノ違反ハ之ヲ以テ所持人ニ対抗スルコトヲ得ズ但シ所持人ガ悪意又ハ重大ナル過失ニ因リ為替手形ヲ取得シタルトキハ此ノ限ニ在ラズ

（2）補充権

① 白地手形と不完全手形との区別

　白地手形は，**外観上，無効である不完全手形となんら変わらないが**，両者を区別するものは，**補充権の有無**である。

　補充権の有無の判断については，議論のあるところだが，多数説は，欠けている要件の補充をゆだねる白地手形行為者の意思に基づくものと解している（**主観説**）。外観が未完成手形と同一である以上，外観以外の主観的意思によらざるをえないからである。

　ただ，この考えを貫くと，外観上白地手形のように見える書面でも，補充権を与える意思がないときには不完全手形となってしまい，手形取引の安全を害するので，**権利外観理論**などによって**善意者の保護**を図っている。

② 補充権の成立・範囲

　多数説は，補充権は手形外の合意によって成立すると解している。

　この考えによれば，補充権の具体的内容および補充をなすべき時期について

は，**補充権授与契約**によって決まることとなる。

③　不当補充

┌─ ［ケース 9］ ─────────────────────────────────

　Aは金額白地の白地手形を振り出し，受取人Bとの間に金額は 100 万円
とする補充権授与契約があった。しかし，Bは合意に反して，1,000 万円
と補充したうえ，善意のCに譲渡した。

└──

　白地手形にあらかじめなした合意と異なる補充がなされた場合にも，所持人
が悪意・重過失によって手形を取得したのでないかぎり，白地手形行為者はそ
の違反をもって所持人に対抗できない（手形法 77 条，10 条）。

　補充権の内容は，手形外の合意によって決定すると解される（多数説）の
で，白地手形行為者は，本来与えた補充権の範囲内でのみ責任を負うはずであ
る。しかし補充されてしまえば，完成手形と外観上まったく変わることがな
く，第三者はその外観を信頼して手形を取得してしまう。

　そこで，**手形法 10 条は，善意者保護のため，政策的に，白地手形行為者は
不当補充された文言どおりの責任を負担**することとしたのである。設例ではA
はCに対して 1,000 万円の手形債務を負うことになる。

　また，本条は，すでに合意と異なる補充がされている手形の悪意・重過失の
ない取得者に対する場合だけでなく，悪意・重過失なく白地手形を取得したう
え，あらかじめなされている合意と異なる補充を自らした所持人にも適用され
る（最判昭 41.11.10）。

④　消滅時効

　補充権の消滅時効の期間については争いがあるが，判例は，改正前商法 522
条が準用されて，補充権は**5 年**の経過により時効消滅すると解している（最判
昭 36.11.24，最判昭 44.2.20）。

※なお，商法 522 条は平成 29 年民法改正に伴い削除されている。

（3）権利移転

　白地手形についても，**流通面**においては**商慣習法**により，完成手形と同様の

方法によって，権利を譲渡することが認められている。

　したがって，受取人の記載のある白地手形は白地補充することなく裏書により譲渡でき，受取人白地の白地手形も単なる交付あるいは白地未補充のまま裏書することで，権利を譲渡することができる。

　また，**手形法上の権利移転が認められているので，白地手形にも善意取得**（手形法 16 条 2 項），**人的抗弁の切断**（手形法 17 条）の制度の適用がある。

(4) 権利行使

　白地手形はあくまで**未完成手形**であり有効な手形とはいえないことから，白地手形による支払呈示は無効である。

　白地未補充の白地手形では，**手形金の請求**はできず（最判昭 41.6.16），**白地手形の呈示では手形債務者を遅滞に付することはできず**，遡求権保全効もない（最判昭 33.3.7，最判昭 41.10.13）。

　もっとも，**判例は，白地手形による訴訟の提起に時効中断の効力（平成 29年民法改正により更新又は完成猶予）**を認めている（最大判昭 41.11.2，最判昭 45.11.11）。白地手形上の権利と完成手形上の権利は実質的には同一だからである。

4. 裏書の意義・方式

(1) 意　義

　裏書は，手形の裏面に裏書人の署名その他の事項を記載するので裏書といわれる。指図証券だけに認められる権利移転の方式である。

　手形は，**法律上当然の指図証券**であり，「あなたまたはあなたの指図人へお支払いします」という指図文言がなくても，指図証券として，裏書によって権利を移転することができる（手形法 11 条 1 項）。

　もっとも，振出人は，手形上に「指図禁止」「裏書禁止」その他，これと同じ意味を有する文言を記載することにより手形の指図証券性を奪うことができ，このような手形を**裏書禁止手形**という。

　裏書禁止手形は，民法第 3 編第 1 章第 4 節の規定する債権の譲渡の方式に従

い，かつその効力をもってのみ譲渡することができる（手形法 11 条 2 項）。したがって，**善意取得，人的抗弁の切断などの適用はない。**

(2) 方　式

①　記名式裏書

1）「表記金額を下記被裏書人またはその指図人にお支払いください」などの裏書文句に加え，2）被裏書人名を記載し，3）裏書人が署名する方式であり，裏書の正式な形である。

②　白地式裏書

被裏書人名を記載することなく，裏書文句を付し，または付さないで裏書人が署名するだけの方式である（手形法 77 条 1 項 1 号，13 条）。

白地式裏書も記名式裏書と同一の効力を有する。

5.　裏書の効力

通常の譲渡裏書には，**権利移転的効力，担保的効力，資格授与的効力**の 3 つの効力がある。

(1) 権利移転的効力

裏書によって手形上の一切の権利（たとえば，手形金請求権，将来の遡求権など）が裏書人より被裏書人に移転する（手形法 77 条 1 項 1 号，14 条 1 項）。

手形上の一切の権利とは，裏書人が手形の第 1 次的義務者，第 2 次的義務者のすべての者に対して有する権利を含む。

裏書による権利の移転は原因関係の不存在や消滅により影響を受けない無因行為である。

(2) 担保的効力

裏書は，裏書人によってその被裏書人その後の譲受人のすべての者に対して手形の支払いを担保する（手形法 77 条 1 項 1 号，15 条）。

担保責任を負う旨が手形に記載されておらず，裏書譲渡においては，通常，

なんらかの対価を伴うので，手形の流通促進のために法が特に定めた責任であると解するのが通説である。

　裏書人の担保責任（遡求義務）は1次的ではなく**第2次的なもの**で，振出人が手形金の支払いを拒絶した場合に支払いをする責任である。

（3）資格授与的効力

　裏書の権利移転的効力から派生する効力として，手形上に被裏書人として記載された者は，裏書が有効であるか否かを問わずその裏書によって**権利を取得したものと推定**される。これを裏書の**資格授与的効力**という。

　手形法16条1項は，手形の所持人が**裏書の連続**によりその権利を証明するときには，これを適法の所持人とみなす旨を定めているが，「**推定す**」の意味と解するのが通説・判例（最判昭36.11.24）である。

　これは，裏書の資格授与的効力を認めた規定であるといえるが，その立法趣旨の解釈については争いがある。通説は，次のように解釈している。

　すなわち，裏書がなされると被裏書人は，有効な裏書の権利移転的効力により，手形上の権利者になる。それゆえ，裏書の記載上被裏書人とされている者が手形を所持する場合には，裏書によって権利を取得した結果，手形を所持しているという可能性が高い。

　そこで，そのような蓋然性を法的にも承認して，**手形上に被裏書人と記載されている者は，その裏書により権利を取得したものと推定する**というのが，手形法16条1項の趣旨であるとするのである。

　そして，法は「裏書の連続により」としているも，これは**個々の裏書の有する資格授与的効力を集積**したからにほかならないと解されている（多数説）。

　この結果，裏書の連続した手形の所持人は，**裏書の連続した手形を所持する事実を主張・立証**すればよい。手形債務者がその権利行使を拒絶するには，所持人が無権利者であることを債務者が立証する必要がある。

6. 裏書の連続

(1) 意 義

【裏書の連続の意義】

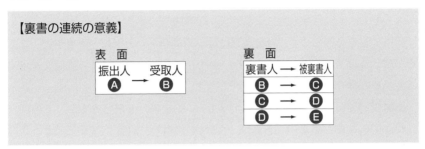

　裏書の連続とは，上図の受取人Bが第1裏書人となり，第1裏書の被裏書人Cが第2裏書人となるというように，手形の記載のうえで，受取人から現在の所持人に至るまで，権利者と指定された者の裏書の記載が連続していることをいう。

[16条]
　為替手形ノ占有者ガ裏書ノ連続ニ依リ其ノ権利ヲ証明スルトキハ之ヲ適法ノ所持人ト看做ス最後ノ裏書ガ白地式ナル場合ト雖モ亦同ジ抹消シタル裏書ハ此ノ関係ニ於テハ之ヲ記載セザルモノト看做ス白地式裏書ニ次デ他ノ裏書アルトキハ其ノ裏書ヲ為シタル者ハ白地式裏書ニ因リテ手形ヲ取得シタルモノト看做ス

※裏書の連続は後述する**善意取得**（手形法16条），**善意支払**（手形法40条3項）と結びついている。

(2) 裏書の連続の判断

―［ケース10］―――
　第1裏書の被裏書人（A会社B），第2裏書の裏書人（A会社代表取締役B）と記載されている手形について，裏書の連続はあるか。

資格授与的効力は裏書の記載の連続という外形的事実に注目したものなの

で，裏書の連続の判断は，**純粋かつ形式的に判断**され，手形の記載外の事実関係によって判断すべきではない。そこで，無効な裏書があっても裏書の連続を妨げない。

　もっとも，これは受取人（被裏書人）と裏書人の名が一字一句正確に一致していることを必要とせず，**社会通念に従って判断**したときに，両者が同一であると解せればよい（大判昭 10.1.22）。あまり厳格な基準で裏書の連続を判断すると手形取得者の保護に欠けるからである。

　上記設例では，第 1 裏書の被裏書人が A とも B とも解しうるが，この場合につき明確な第 2 裏書の裏書人 A の記載を重視し，裏書の連続を認めた判例がある（最判昭 27.11.25）。

（3）裏書の抹消

　抹消された裏書は，裏書の連続との関係では，記載されなかったものとみなされる（手形法 16 条 1 項第 3 文）。

　裏書欄の記載事項のうち，**被裏書人の名称だけが抹消**された場合には，裏書全体の抹消とはせず（全部抹消説），**白地式裏書**となるとするのが通説・判例（**白地式裏書説**，最判昭 61.7.18）である。裏書の連続の有無は手形上の記載に基づいて判断されるので，抹消部分のみ記載がないものとみるのが自然だからである。

（4）受取人欄の抹消

　手形上の記載の変更・抹消は権限者によっておこなわれるかぎり手形上の権利を変更または消滅させる。しかし，他人が無権限で手形上の記載を抹消することは変造にあたる。そして，判例は，受取人欄を抹消することは**手形の変造**（手形法 69 条）にあたるが，同条は「一旦有効に成立した手形債務の内容に影響を及ぼさない法理を明らかにしたものにすぎず，手形面上，現文言の記載が依然として現実に残存しているものとみなす趣旨ではない」として，受取人欄を抹消した手形についても裏書の連続（手形法 16 条 1 項）を認めた（最判昭 49.12.24）。

(5) 裏書不連続手形と権利行使

裏書不連続手形の所持人も，形式的資格は欠くが自己の**実質的権利を証明す**れば手形上の権利を行使できる（最判昭33.10.24）。

さらに，多数説によれば，**所持人は裏書の連続の中断している部分だけ実質関係を証明すればよく，それによって中断している裏書の連続が架橋され，所持人は権利を行使できる**と解している（**架橋説**）。

7. 善意取得

(1) 意　義

手形の占有を失った者がいる場合に，手形の所持人が裏書の連続によりその権利を証明するときには，悪意・重過失によって手形を取得したのでないかぎり，手形を返還する義務を負わない（手形法77条1項1号，16条2項）。これを，**善意取得の制度**という。

※民法192条との比較

手形の占有が盗難・遺失等により所有者の意に反して喪失された場合にも適用が肯定されている。

> [16条]
> 2　事由ノ何タルヲ問ハズ為替手形ノ占有ヲ失ヒタル者アル場合ニ於テ所持人ガ前項ノ規定ニ依リ其ノ権利ヲ証明スルトキハ手形ヲ返還スル義務ヲ負フコトナシ但シ所持人ガ悪意又ハ重大ナル過失ニ因リ之ヲ取得シタルトキハ此ノ限ニ在ラズ

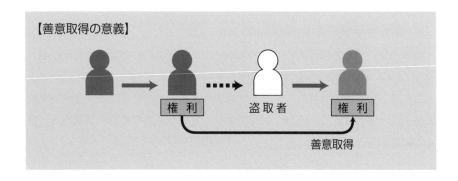

【善意取得の意義】

権利 → 盗取者 ┄┄> 権利

善意取得

（2）適用範囲

通説によれば，この善意取得は，**手形の譲渡人が無権利であったという瑕疵を治癒する制度**であり，譲渡人の**制限能力**，**無権代理**，**意思表示の瑕疵・不存在**，最後の被裏書人と手形所持人との同一性といった場合には**適用されない**と解されている。このように，善意取得の制度は手形上の権利の有効な成立を前提に，無権利者から手形を譲り受けた者について，手形上の権利の帰属を決めるという場面で機能する。

（3）要　件

①　裏書の連続のある手形所持人

善意取得は，「前項の規定（裏書の連続）によりその権利を証明するとき」に認められるとされていることから，**裏書の連続のある手形所持人から譲り受けたこと**が要件となる。

もっとも，裏書不連続手形の所持人が不連続部分について実質的権利移転のあったことを証明した場合には，手形所持人の**形式的資格が回復**し，善意取得できると解するのが多数説である。

②　手形法的流通方法による取得者

善意取得は，手形取引の安全，手形流通の保護を図るためのものであるので，**手形法的流通方法**，すなわち**裏書または白地式裏書**により手形を取得した者にのみ適用がある。

したがって，それ以外の方法，たとえば**相続，合併，拾得**などの原因で手形を取得した者には適用がない。

また，裏書のうちでも，**期限後裏書**については，すでに手形の支払いの段階にあり，手形流通の保護を図る必要がないので同様に適用されない（手形法77条1項1号，20条）。

手形上の権利を移転しないで単に取立権限を授与するだけの取立委任裏書（手形法77条1項1号，18条1項）および実質的に同視される隠れた取立委任裏書についても適用されない。

③　譲受人に悪意・重過失がない

手形を取得するのに際して，悪意・重過失のある者は保護に値しないので，善意取得の適用はない。

ここに悪意・重過失とは，手形の譲渡人が無権利であることを認識していること，無権利であることを認識できるのに通常人のなす注意を著しく欠いたために認識しなかったことをいう。

取得者の悪意・重過失の有無は，**取得の時点を基準**として判定する（大判昭2.4.2）。

いったん所持人が善意取得すると，その後の譲受人は前者たる所持人の有する権利を承継取得するので，その主観にかかわらず，この手形を承継取得できるとされている（通説）。

8.　手形抗弁

（1）意義・種類

手形抗弁とは，手形金の請求を受けた者が，手形金の支払いを拒むために，請求者に対して主張しうる一切の事由をいう。

手形抗弁は，その抗弁を対抗しうる人的範囲に着眼して次の2つに大別できる。

―**物的抗弁**…所持人の善意・悪意を問わず，また所持人と被請求者とが手形授受の直接の当事者か否かを問わず，被請求者（手形債務者）が**すべての手形所持人に対し対抗できる抗弁**をいう。

　〈例〉手形行為の形式の不備，**偽造**，変造，無権代理，**制限能力**，支払済，相殺，免除など

―**人的抗弁**…被請求者が**特定の手形所持人**に対してのみ対抗できる抗弁をいう。

　〈例〉**原因関係の無効，不存在**など

（2）人的抗弁切断の原則

① 意　義

―［ケース11］

A・B間で売買契約を結び，その代金の支払いのために，AはBに約束手形を振り出し，BはこれをCに裏書譲渡したが，Bは売買契約上の義務を履行しておらず，A・B間の売買契約は解除されている。この場合，手形の振出人Aは，Cの手形金請求に応じなければならないか。

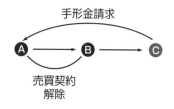

　手形法は，手形により請求を受けた者は，手形所持人Cの前者Bに対する人的関係に基づく抗弁（人的抗弁）をもって，所持人に対抗できないとする（手形法17条本文）。これを，**人的抗弁切断の原則**という。

　ケース11で，CのAに対する手形金請求が認められるには，Aに対する手形債権が有効に発生し，Bに移転しAからの抗弁の対抗を受けないことが必要である。AがBから手形金の請求を受けたときには，売買契約上の債務が未履行であることを抗弁として，手形金の支払いを拒みうるが，Cの手形金請求に対しては，悪意の抗弁が成立しないかぎり，これを拒みえないのである。

> **［17条］**
>
> 　為替手形ニ依リ請求ヲ受ケタル者ハ振出人其ノ他所持人ノ前者ニ対スル人的関係ニ基ク抗弁ヲ以テ所持人ニ対抗スルコトヲ得ズ但シ所持人ガ其ノ債務者ヲ害スルコトヲ知リテ手形ヲ取得シタルトキハ此ノ限ニ在ラズ

②　悪意の抗弁

　手形法17条但書にいう「債務者を害することを知りて手形を取得」するとは，単なる悪意ではなく「所持人が手形を取得するにあたり，手形の満期において，手形債務者が所持人の直接の前者に対し，抗弁を主張して手形の支払いを拒むことは確実であるという認識を有していた場合である[1]」（通説，河本フォーミュラ）。

③　ケース11へのあてはめ

　具体的に考えると，Cが手形を取得する時点に認識していた事情として，1) 単にBがAに売買の目的物を交付していないということ，2) すでに履行遅滞となって，解除権が発生しているということ，3) その結果，Aが売買契約を解除しているということ，の3段階が考えられる。

　この3つのうち，どの段階まで認識していれば，悪意の抗弁が成立するかは問題であるが，1) の段階では成立しないが，2) の段階に至れば実際に解除する可能性が高いので成立する，と解するのが通説・判例（最判昭30.5.31）である。

　すなわち，Bがまだ目的物を交付していなくても，当然に債務不履行になるとは予想されず，単にそのことを知って手形を取得しても，手形債務者Aを害することを知って手形を取得したということはできない。しかし，Aに解除権がすでに発生しているときには，契約が解除されることが当然に予想でき，そのことを知って手形を取得したCは，Aを害することを知って手形を取得したといえると解するのである。

※ケース11で，善意のCから手形を取得したDがA・B間の人的抗弁の存在につき悪意であっても，AはDにこの抗弁を対抗できない（最判昭37.9.7）。

---

1) 取得者の悪意の有無は手形の取得時を基準に決定される。

9. 後者の抗弁

[ケース 12]

　AがBを受取人として約束手形を振り出し，Bがこれを借金の担保の
ためCに裏書譲渡したところ，この借金が返済されたにもかかわらず，C
はこの手形をBに返還せず，Aに手形金の支払いを請求している。

　この場合，Aは，Cに対して手形金の支払いを拒むことができるか。

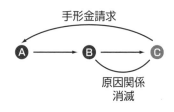

手形金請求

Ⓐ → Ⓑ → Ⓒ

原因関係
消滅

　手形行為の**無因性**からすれば，B・C間の原因関係が消滅しても，B・C間
の手形行為は影響されないから，依然としてCは手形上の権利者である。し
たがって，Bからは原因関係消滅の人的抗弁を受けるものの，Aに対しては，
権利を行使できるはずである。また，AはBがCに対して有する人的抗弁を援
用してCの請求を拒否することはできない（**人的抗弁の個別性**）。

　しかし，判例は，上記設例のCは手形上の権利を行使すべき**実質的理由**を
失ったものであり，それにもかかわらず，たまたま手形が自己の手元にあるこ
とを奇貨として手形金の支払いを求めようとすることは**権利の濫用**に該当する
ので，Aは**手形法17条但書の趣旨**に照らし手形金の支払いを拒むことがで
きると解している（最大判昭43.12.25）。

※二重無権

　ケース12で，A・B間，B・C間の原因関係がともに消滅してしまっ
た場合に，判例は，Cは手形の支払いを求める何らの経済的利益を有せず，
人的抗弁切断の利益を享受しえないので，AはBとの間の原因関係消滅の
抗弁を所持人に対抗できるとしている（最判昭45.7.16）。

∞∞∞ **ポイント整理** ∞∞∞∞∞∞∞∞∞∞∞∞∞∞∞∞∞∞∞∞∞∞∞∞

1 手形振出しの趣旨について，当事者の意思が明確でないときには，「支払確保のために」振り出されたものと推定される（判例）。

2 白地手形

① 白地手形にあらかじめなした合意と異なる補充がなされた場合にも，所持人が悪意・重過失によって手形を取得したのでないかぎり，白地手形行為者は，その違反をもって取得者に対抗できない（10条）。

② 白地未補充の白地手形では，手形金の支払いを請求できない。しかし，白地手形による訴訟の提起には，時効中断（平成29年改正により更新又は完成猶予）の効力を認めるのが判例である。

3 手形は，法律上当然の指図証券であるが，「指図禁止」等の文言を記載することによって，その指図証券性を奪うこともできる。

4 裏書の連続

① 裏書の連続の判断は，純粋に形式的に判断される。

② 被裏書人の記載のみが抹消されたときは，白地式裏書になる（判例）。

③ 裏書不連続手形の所持人も，不連続部分の実質関係を証明すれば，権利行使できる（通説）。

5 善意取得

① 善意取得の制度は，無能力，無権代理などの場合は適用されない（通説）。

② 要件 1) 裏書の連続のある手形の所持人，2) 手形法的流通方法による取得者

　　┌ 裏書・白地式裏書……○

　　└ 相続，合併，拾得，期限後裏書……×

　　3) 譲受人に悪意・重過失がないこと

6 悪意の抗弁が成立しないかぎり，手形行為者が手形所持人の前者に対して有する人的抗弁は切断される。

Exercise

問題　手形の振出及び裏書に関する次の記述のうち，妥当なのはどれか。

1 手形の振出人が手形上に「指図禁止」，「裏書禁止」などの文言を記載した手形を裏書禁止手形というが，裏書禁止手形は，その本来的な性質上，譲渡することはできない。

2 約束手形の裏書のうち被裏書人の記載のみが抹消された場合，当該裏書は，裏書の連続の関係においては，当該抹消が権限のある者によってされたことを証明するまでもなく，白地式裏書となるとするのが判例である。

3 金額欄に文字で「壱百円」と記載され，その右上段に数字で「¥1,000,000-」と記載されている約束手形の手形金額は，当該手形に 100 円の収入印紙が貼付されている場合には，百万円と解すべきであるとするのが判例である。

4 いわゆる白地手形は，満期にこれを支払のため呈示しても，裏書人に対する手形上の権利行使の条件が具備されたとはいえないが，後日，白地部分を補充すれば，当該呈示は遡って有効になるとするのが判例である。

5 手形が満期及びその他の手形要件を白地として振り出された場合であっても，その後満期が補充されたときは，当該手形は満期の記載された手形となるが，当該手形のその他の手形要件の白地補充権は，手形上の権利と別個独立に時効によって消滅するとするのが判例である。

....

解説

1 誤。手形の振出人が「指図禁止」「裏書禁止」などの文言を手形上に記載した手形は裏書禁止手形と呼ばれている。そして，かかる文言を記載した手形は指名債権の譲渡に関する方式に従って，かつ，指名債権の効力をもってのみ譲渡することができるとされている（手形法 11 条 2 項）。よって，裏書禁止手形も，指名債権の譲渡の方式によって譲渡できる。

2 妥当である。判例は，被裏書人欄の記載のみが抹消された場合，当該裏書は，その抹消が権原あるものによってされたことを証明するまでもなく，白地式裏書になると解するのが取引通念に照らしても相当であるとしている（最判昭61.7.18）。

3 誤。判例は，文字による記載を明白な誤記と目することは，いたずらに一般取引界を混乱させるおそれがある（最大判昭 61.7.10）として，手形法 6 条 1 項通り，文字を数字よりも正しい表記としてとらえており，当該手形に文字通りの収

入印紙が貼付されていなくても文字が正しい表記であるとみなされる。

4 誤。判例は，白地手形は，後日手形要件の記載が補充されて初めて完全な手形になるものであって，その補充があるまでは未完成手形にすぎないから，それによって手形上の権利を行使することはできないと示している（最判昭41.6.16）。しかし，手形による意思表示は手形の呈示によってなされるべきものであるところ，後日の補充をもって呈示を遡及的に有効とすることはできない。

5 誤。判例は，白地手形の満期が補充されたときは，手形は満期の記載された手形となるから，右手形のその他の手形要件の白地補充権は，手形上の権利と別個独立に時効によって消滅することなく，手形上の権利が消滅しない限りこれを行使できるとしている（最大判平5.7.20）。

解答 2

索　引

判例索引

本書の内容は、小社より2020年1月に刊行された
「公務員試験　過去問攻略Ｖテキスト　7　商法」(ISBN：978-4-8132-8351-5) と
同一です。

こうむいんしけん　　　かこもんこうりゃくぶい　　　　　　　　　　　　　しょうほう　　しんそうばん
公務員試験　過去問攻略Ｖテキスト　7　商法　新装版

2020年1月15日　初　版　第1刷発行
2024年4月1日　新装版　第1刷発行

編 著 者	Ｔ Ａ Ｃ 株 式 会 社	
	（公務員講座）	
発 行 者	多　　田　　敏　　男	
発 行 所	ＴＡＣ株式会社　出版事業部	
	（TAC出版）	

〒101-8383
東京都千代田区神田三崎町3-2-18
電話　03(5276)9492(営業)
FAX　03(5276)9674
https://shuppan.tac-school.co.jp

印　　刷	株式会社　ワ　　コ　　ー
製　　本	東 京 美 術 紙 工 協 業 組 合

© TAC 2024　　　　Printed in Japan　　　　ISBN 978-4-300-11147-5
N.D.C. 317

公務員講座のご案内

大卒レベルの公務員試験に強い！

2022年度 公務員試験

公務員講座生[1]
最終合格者延べ人数[2]

5,314名

| 国家公務員 (大卒程度) | 計 | 2,797名 |
| 地方公務員 (大卒程度) | 計 | 2,414名 |

国立大学法人等	大卒レベル試験	61名
独立行政法人	大卒レベル試験	10名
その他公務員		32名

※1 公務員講座生とは公務員試験対策講座において、目標年度に合格するために必要と考えられる、講義、演習、論文対策、面接対策等をパッケージ化したカリキュラムの受講生です。単科講座や公開模試のみの受講生は含まれておりません。

※2 同一の方が複数の試験種に合格している場合は、それぞれの試験種に最終合格者としてカウントしています。(実合格者数は2,843名です。)

＊2023年1月31日時点で、調査にご協力いただいた方の人数です。

1位 全国の公務員試験で合格者を輩出！

詳細は公務員講座（地方上級・国家一般職）パンフレットをご覧ください。

2022年度 国家総合職試験

公務員講座生[1]

最終合格者数 217名

法律区分	41名	経済区分	19名
政治・国際区分	76名	教養区分[2]	49名
院卒／行政区分	24名	その他区分	8名

※1 公務員講座生とは公務員試験対策講座において、目標年度に合格するために必要と考えられる、講義、演習、論文対策、面接対策等をパッケージ化したカリキュラムの受講生です。単科講座や公開模試のみの受講生は含まれておりません。

※2 上記は2022年度目標の公務員講座最終合格者のほか、2023年度目標公務員講座生の最終合格者40名が含まれています。

＊ 上記は2023年1月31日時点で調査にご協力いただいた方の人数です。

2022年度 外務省専門職試験

最終合格者総数55名のうち
54名がWセミナー講座生です。[1]

合格者占有率[2] 98.2%

外交官を目指すなら、実績のWセミナー

※1 Wセミナー講座生とは、公務員試験対策講座において、目標年度に合格するために必要と考えられる、講義、演習、論文対策、面接対策等をパッケージ化したカリキュラムの受講生です。各種オプション講座や公開模試など、単科講座のみの受講生は含まれておりません。また、Wセミナー講座生はそのボリュームから他校の講座生と掛け持ちすることは困難です。

※2 合格者占有率は「Wセミナー講座生[1]最終合格者数」を、「外務省専門職採用試験の最終合格者総数」で除して算出しています。また、算出した数字の小数点第二位以下を四捨五入して表記しています。

＊ 上記は2022年10月10日時点で調査にご協力いただいた方の人数です。

WセミナーはTACのブランドです

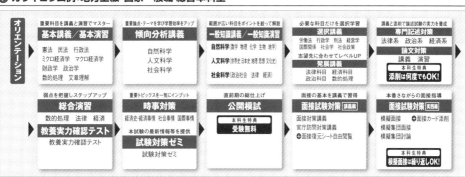

公務員講座のご案内

無料体験入学のご案内
3つの方法で**TAC**の講義が体験できる！

教室で体験
迫力の生講義に出席 〔予約不要！〕〔最大3回連続出席OK！〕

1. 校舎と日時を決めて、当日TACの校舎へ
TACでは各校舎で毎月体験入学の日程を設けています。

▼

2. オリエンテーションに参加（体験入学1回目）
初回講義「オリエンテーション」にご参加ください。体験入学ご参加の際に個別にご相談をお受けいたします。

▼

3. 講義に出席（体験入学2・3回目）
引き続き、各科目の講義をご受講いただけます。参加者には体験用テキストをプレゼントいたします。

- 最大3回連続無料体験講義の日程はTACホームページと公務員講座パンフレットでご覧いただけます。
- 体験入学はお申込み予定の校舎に限らず、お好きな校舎でご利用いただけます。
- 4回目の講義前までにご入会手続きをしていただければ、カリキュラム通りに受講することができます。

※地方上級・国家一般職、理系（技術職）、警察・消防以外の講座では、最大2回連続体験入学を実施しています。また、心理職・福祉職はTAC動画チャンネルで体験講義を配信しています。
※体験入学1回目や2回目の後でもご入会手続きは可能です。「TACで受講しよう！」と思われたお好きなタイミングで、ご入会いただけます。

ビデオで体験
校舎のビデオブースで体験視聴

TAC各校のビデオブースで、講義を無料でご視聴いただけます。（要予約）

各校のビデオブースでお好きな講義を視聴できます。視聴前日までに視聴する校舎受付までお電話にてご予約をお願い致します。

ビデオブース利用時間 ※日曜日は④の時間帯はありません。
- ① 9：30 ～ 12：30
- ② 12：30 ～ 15：30
- ③ 15：30 ～ 18：30
- ④ 18：30 ～ 21：30

※受講可能な曜日・時間帯は一部校舎により異なります。
※年末年始・夏期休業・その他特別な休業以外は、通常平日・土日祝祭日にご覧いただけます。
※予約時にご希望日とご希望時間帯を合わせてお申込みください。
※基本講座の中からお好きな科目をご視聴いただけます。（視聴できる科目は時期により異なります）
※TAC提携校での体験視聴につきましては、提携校各校へお問合せください。

Webで体験
スマートフォン・パソコンで講義を体験視聴

TACホームページの「TAC動画チャンネル」で無料体験講義を配信しています。時期に応じて多彩な講義がご覧いただけます。

| TACホームページ | https://www.tac-school.co.jp/ |

※体験講義は教室講義の一部を抜粋したものになります。

TAC出版 書籍のご案内

TAC出版では、資格の学校TAC各講座の定評ある執筆陣による資格試験の参考書をはじめ、資格取得者の開業法や仕事術、実務書、ビジネス書、一般書などを発行しています！

TAC出版の書籍

*一部書籍は、早稲田経営出版のブランドにて刊行しております。

資格・検定試験の受験対策書籍

- ✪日商簿記検定
- ✪建設業経理士
- ✪全経簿記上級
- ✪税 理 士
- ✪公認会計士
- ✪社会保険労務士
- ✪中小企業診断士
- ✪証券アナリスト

- ✪ファイナンシャルプランナー(FP)
- ✪証券外務員
- ✪貸金業務取扱主任者
- ✪不動産鑑定士
- ✪宅地建物取引士
- ✪賃貸不動産経営管理士
- ✪マンション管理士
- ✪管理業務主任者

- ✪司法書士
- ✪行政書士
- ✪司法試験
- ✪弁理士
- ✪公務員試験(大卒程度・高卒者)
- ✪情報処理試験
- ✪介護福祉士
- ✪ケアマネジャー
- ✪社会福祉士　ほか

実務書・ビジネス書

- ✪会計実務、税法、税務、経理
- ✪総務、労務、人事
- ✪ビジネススキル、マナー、就職、自己啓発
- ✪資格取得者の開業法、仕事術、営業術
- ✪翻訳ビジネス書

一般書・エンタメ書

- ✪ファッション
- ✪エッセイ、レシピ
- ✪スポーツ
- ✪旅行ガイド (おとな旅プレミアム/ハルカナ)
- ✪翻訳小説

公務員試験対策書籍のご案内

TAC出版の公務員試験対策書籍は、独学用、およびスクール学習の副教材として、各商品を取り揃えています。学習の各段階に対応していますので、あなたのステップに応じて、合格に向けてご活用ください!

INPUT

『みんなが欲しかった! 公務員 合格へのはじめの一歩』

A5判フルカラー

●本気でやさしい入門書
●公務員の"実際"をわかりやすく紹介したオリエンテーション
●学習内容がざっくりわかる入門講義

・数的処理(数的推理・判断推理・空間把握・資料解釈)
・法律科目(憲法・民法・行政法)
・経済科目(ミクロ経済学・マクロ経済学)

『みんなが欲しかった! 公務員 教科書&問題集』

A5判

●教科書と問題集が合体! でもセパレートできて学習に便利!
●「教科書」部分はフルカラー! 見やすく、わかりやすく、楽しく学習

・憲法
・【刊行予定】民法、行政法

『新・まるごと講義生中継』

A5判
TAC公務員講座講師
郷原 豊茂 ほか

●TACのわかりやすい生講義を誌上で!
●初学者の科目導入に最適!
●豊富な図表で、理解度アップ!

・郷原豊茂の憲法
・郷原豊茂の民法Ⅰ
・郷原豊茂の民法Ⅱ
・新谷一郎の行政法

『まるごと講義生中継』

A5判
TAC公務員講座講師
渕元 哲 ほか

●TACのわかりやすい生講義を誌上で!
●初学者の科目導入に最適!

・郷原豊茂の刑法
・渕元哲の政治学
・渕元哲の行政学
・ミクロ経済学
・マクロ経済学
・関野喬のパターンでわかる数的推理
・関野喬のパターンでわかる判断整理
・関野喬のパターンでわかる空間把握・資料解釈

要点まとめ

『一般知識 出るとこチェック』

四六判

●知識のチェックや直前期の暗記に最適!
●豊富な図表とチェックテストでスピード学習!

・政治・経済
・思想・文学・芸術
・日本史・世界史
・地理
・数学・物理・化学
・生物・地学

記述式対策

『公務員試験論文答案集 専門記述』

A5判
公務員試験研究会

●公務員試験(地方上級ほか)の専門記述を攻略するための問題集
●過去問と新作問題で出題が予想されるテーマを完全網羅!

・憲法(第2版)
・行政法

書籍の正誤に関するご確認とお問合せについて

書籍の記載内容に誤りではないかと思われる箇所がございましたら、以下の手順にてご確認とお問合せをしてくださいますよう、お願い申し上げます。

なお、正誤のお問合せ以外の**書籍内容に関する解説および受験指導などは、一切行っておりません。**
そのようなお問合せにつきましては、お答えいたしかねますので、あらかじめご了承ください。

1 「Cyber Book Store」にて正誤表を確認する

TAC出版書籍販売サイト「Cyber Book Store」の
トップページ内「正誤表」コーナーにて、正誤表をご確認ください。

CYBER TAC出版書籍販売サイト
BOOK STORE

URL：https://bookstore.tac-school.co.jp/

2 1の正誤表がない、あるいは正誤表に該当箇所の記載がない ⇒ 下記①、②のどちらかの方法で文書にて問合せをする

★ご注意ください★

お電話でのお問合せは、お受けいたしません。
①、②のどちらの方法でも、お問合せの際には、「お名前」とともに、
「対象の書籍名（○級・第○回対策も含む）およびその版数（第○版・○○年度版など）」
「お問合せ該当箇所の頁数と行数」
「誤りと思われる記載」
「正しいとお考えになる記載とその根拠」
を明記してください。
なお、回答までに１週間前後を要する場合もございます。あらかじめご了承ください。

① ウェブページ「Cyber Book Store」内の「お問合せフォーム」より問合せをする

【お問合せフォームアドレス】

https://bookstore.tac-school.co.jp/inquiry/

② メールにより問合せをする

【メール宛先　TAC出版】

syuppan-h@tac-school.co.jp

※土日祝日はお問合せ対応をおこなっておりません。
※正誤のお問合せ対応は、該当書籍の改訂版刊行月末日までといたします。

乱丁・落丁による交換は、該当書籍の改訂版刊行月末日までといたします。なお、書籍の在庫状況等により、お受けできない場合もございます。
また、各種本試験の実施の延期、中止を理由とした本書の返品はお受けいたしません。返金もいたしかねますので、あらかじめご了承くださいますようお願い申し上げます。

（2022年7月現在）